旅游

政策与法规基础教程

张 杨 / 主编
周 蓓 王宇飞 / 编著

企业管理出版社
ENTERPRISE MANAGEMENT PUBLISHING HOUSE

图书在版编目（CIP）数据

旅游政策与法规基础教程 / 张杨主编；周蓓，王宇飞编著 . -- 北京：企业管理出版社，2023.4
ISBN 978-7-5164-2724-8

Ⅰ. ①旅⋯ Ⅱ. ①张⋯ ②周⋯ ③王⋯ Ⅲ. ①旅游业 – 方针政策 – 中国 – 教材 ②旅游业 – 法规 – 中国 – 教材 Ⅳ. ① F592.0 ② D922.296

中国国家版本馆 CIP 数据核字 (2023) 第 061548 号

书　　名：	旅游政策与法规基础教程
作　　者：	张　杨
责任编辑：	杨慧芳
书　　号：	ISBN 978-7-5164-2724-8
出版发行：	企业管理出版社
地　　址：	北京市海淀区紫竹院南路 17 号　邮编：100048
网　　址：	http://www.emph.cn
电　　话：	发行部（010）68701816　编辑部（010）68420309
电子信箱：	314819720@qq.com
印　　刷：	北京虎彩文化传播有限公司
经　　销：	新华书店
规　　格：	710 毫米 ×1000 毫米　16 开本　14.5 印张　211 千字
版　　次：	2023 年 5 月第 1 版　2023 年 5 月第 1 次印刷
定　　价：	68.00 元

版权所有　翻印必究　印装有误　负责调换

前 言

伴随着国民经济的发展和人民生活水平的提高,我国的旅游业也迅猛地发展起来,越来越多的人开始把旅游作为娱乐和休闲的方式。旅游业的发展促进了对外开放,促进了城市建设和生态环境建设,同时对促进社会经济发展,提升人民生活品质起到重要的作用。

我国旅游业从 20 世纪 80 年代开始起步,至今已有 40 多年。伴随着中国经济的腾飞,旅游业作为国民经济战略性支柱产业的地位也在日益提高。随着我国旅游业由国民经济重要产业向战略性支柱产业的转型,中国已成为世界最大的国内旅游市场、世界第四大旅游目的地国家。

纵观我国旅游业的发展历程:旅游业的发展,一方面与我国经济高速发展、人民生活水平不断提高密不可分,经济发展、人民富裕为旅游业的快速发展提供了坚实的物质基础;另一方面,旅游业的发展也得益于治理体系的不断完善和治理水平的不断提高。旅游政策和法规的健全和完善为旅游业的健康发展提供了有力支持和可靠保障。同时,旅游业的发展又对旅游政策制定与旅游立法提出了更高要求,两者形成了互相促进、日益完善的紧密关系。尤其是近些年,在新发展理念的引领和高质量发展目标的驱动下,旅游供给侧改革深入推进,旅游新业态不断涌现,旅游管理体制日益健全完善。在此背景下,旅游政策与法规的"立、改、废"需求不断释放,旅游政策与法规体系整体面貌也发生了较大的变化,这成为我们组织编写本书的重要原因之一。

旅游政策法规知识是旅游知识体系的重要组成部分,了解和掌握旅游政策法规知识是旅游从业人员应该具备的基本素养，是旅游人才培养的重要环节。为确保本书能够适应当前旅游人才培养的新形势、新要求，本书在全面梳理我国旅游政策与法规的基础上，在编写方式上做出了一些新的探索。

第一，发掘课程思政元素。按照"全员、全程、全方位"育人理念，结合旅游政策与法规内容，对标社会主义核心价值观，深入挖掘各知识点背后所蕴含的课程思政点。譬如，旅行社经营管理所蕴含的"诚信"，导游职责所蕴含的"敬业"等。每一章的结尾部分都对本章课程的思政点进行了简要阐述，便于教师将课程思政点融入到教育教学过程，也便于学生在学习政策法规知识的同时，了解知识背后所蕴含的社会主义核心价值观，并能在实际生活中自觉践行。

第二，注重知识的深化和拓展。"两性一度"（高阶性、创新性、挑战度）是"金课"建设的主要衡量指标。为了落实课程建设的这一要求，本书改变原有大多数教材在章节后只是设置一些体现本章节内容的简单知识题的做法，采用"拓展与深化"方式，旨在引导学生在学习好章节内容的基础上，围绕知识点进行拓展，围绕问题深入思考。譬如，针对导游自由执业改革，推行导游自由执业改革的主要原因是什么；假使导游自由执业正式推行，从规范自由执业行为、保护旅游者权益、维护旅游市场秩序的角度，大家认为政策或法规应该做出哪些要求。这些问题相对开放，有利于培养学生剖析解决问题、大胆质疑和创新思维的能力。

本书由张杨担任主编，负责拟定提纲、编写要点和最终统稿。全书共有八章。其中，张杨负责第一、二、三、四、七章的编写，王宇飞负责第六章和第八章的编写，周蓓负责第五章的编写。本书在编写的过程中参考了部分专家、学者的研究成果，在此一并致谢。

在编写本书的过程中，尽管笔者尽力秉持科学严谨的态度，但由于水平有限，难免存在疏漏之处，敬请广大读者批评指正。

张　杨

2022 年 12 月

目　录

第一章　旅游政策与法规概述 … 001

第一节　旅游政策与旅游法规概述 … 001
一、旅游概述 … 002
二、旅游政策 … 003
三、旅游法规 … 004
四、旅游政策与旅游法规的区别与联系 … 006

第二节　我国旅游业发展与旅游政策法规演变 … 007
一、旅游业初步发展与旅游政策法规（1978年—1990年）… 007
二、旅游业稳步发展与旅游政策法规（1991年—2008年）… 009
三、旅游业全面创新发展与旅游政策法规（2009年至今）… 012

第三节　《中华人民共和国旅游法》概述 … 016
一、《旅游法》的立法背景 … 016
二、《旅游法》的主要内容和立法目的 … 018
三、《旅游法》出台的意义 … 018

第二章　旅行社管理政策法规 … 023

第一节　旅行社概述 … 024

　　　　一、旅行社的概念 ··· 024
　　　　二、旅行社的业务类型 ··· 025
　　　　三、我国旅行社管理政策与法规概况 ······································· 026
　　第二节　旅行社设立法律制度 ··· 028
　　　　一、旅行社的设立和业务许可审批流程 ····································· 028
　　　　二、设立旅行社分社和旅行社服务网点 ····································· 030
　　　　三、外商投资旅行社的设立 ··· 031
　　　　四、违反旅行社设立规定的法律责任 ······································· 032
　　第三节　旅行社管理制度 ··· 032
　　　　一、旅行社业务经营许可证管理 ··· 032
　　　　二、旅游服务质量保证金管理 ··· 033
　　　　三、旅行社责任保险管理 ··· 036
　　　　四、旅行社监督检查 ··· 038
　　第四节　旅行社经营管理制度 ··· 040
　　　　一、提供真实可靠的服务信息 ··· 040
　　　　二、禁止安排违反我国法律、法规和社会公德的项目或者活动 ··············· 040
　　　　三、向合格的供应商订购产品和服务 ······································· 040
　　　　四、杜绝不合理低价游 ··· 041
　　　　五、不得擅自指定具体购物场所和安排另行付费旅游项目 ··················· 041
　　　　六、出入境旅游安排领队或者导游全程陪同 ································· 042
　　　　七、依法签订并忠实履行旅游服务合同 ····································· 042
　　　　八、保障导游的合法权益 ··· 042

第三章　导游管理政策法规 ··· 045
　　第一节　导游及导游管理政策法规概述 ··· 046

一、导游的概念及分类 ·· 046
　　二、导游管理政策法规概述 ·· 048

第二节　导游执业许可政策法规 ·· 049
　　一、取得导游证的基本条件 ·· 050
　　二、导游证的申领及管理 ·· 051
　　三、从事领队业务的基本要求 ·· 054

第三节　导游执业管理政策法规 ·· 055
　　一、导游的职责 ·· 055
　　二、导游的行为禁忌 ·· 056

第四节　导游执业保障与激励政策法规 ······································ 057
　　一、受到尊重和保障安全 ·· 057
　　二、劳动权利得到保障 ·· 057
　　三、受到公正评价 ·· 058
　　四、参加执业培训 ·· 058

第四章　旅游消费者权益保护与义务法律制度 ················ 061

第一节　旅游消费者权益保护概述 ·· 061
　　一、相关概念 ·· 061
　　二、旅游消费者权益保护的相关法律法规 ······························ 064

第二节　旅游消费者的权利 ·· 065
　　一、安全权 ·· 065
　　二、知情权 ·· 067
　　三、自主选择权 ·· 070
　　四、公平交易权 ·· 071

五、受尊重权 …………………………………………………………… 072
　　　六、个人信息受保护权 …………………………………………………… 072

　第三节　旅游消费者的义务 …………………………………………………… 074
　　　一、文明旅游 …………………………………………………………… 074
　　　二、不损害他人合法权益 ………………………………………………… 075
　　　三、遵守安全规定 ………………………………………………………… 076
　　　四、遵守出入境管理制度 ………………………………………………… 077

　第四节　旅游纠纷处理 ………………………………………………………… 077
　　　一、协商 ………………………………………………………………… 077
　　　二、调解 ………………………………………………………………… 078
　　　三、仲裁 ………………………………………………………………… 078
　　　四、诉讼 ………………………………………………………………… 079

第五章　旅游服务合同法律制度 …………………………………………… 083

　第一节　旅游服务合同概述 …………………………………………………… 084
　　　一、旅游服务合同及其分类 ……………………………………………… 084
　　　二、旅游服务合同的内容 ………………………………………………… 086
　　　三、旅游服务合同的形式 ………………………………………………… 090

　第二节　旅游服务合同的订立 ………………………………………………… 091
　　　一、旅游服务合同的订立条件 …………………………………………… 091
　　　二、旅游服务合同的订立方式 …………………………………………… 092
　　　三、包价旅游服务合同订立时旅行社的法定告知义务 ………………… 093

　第三节　旅游服务合同的效力 ………………………………………………… 096
　　　一、旅游服务合同生效 …………………………………………………… 096

二、效力待定的旅游服务合同 ································· 097

三、无效的旅游服务合同 ····································· 099

四、可撤销的旅游服务合同 ··································· 101

五、旅游服务合同中格式条款的效力 ··························· 103

第四节　旅游服务合同的履行 ······································ 105

一、旅游服务合同履行的基本原则 ····························· 105

二、包价旅游服务合同项下权利义务转让给第三人的合同履行 ····· 106

三、包价旅游服务合同项下旅行社义务委托给第三人的合同履行 ··· 107

四、代办旅游服务合同旅行社的亲自履行要求 ··················· 108

第五节　旅游服务合同解除 ·· 108

一、《民法典》规定的合同解除情形 ···························· 109

二、《旅游法》关于合同解除的规定 ···························· 110

第六节　旅游服务合同的违约责任 ·································· 111

一、违约责任概述 ··· 111

二、包价旅游服务合同违约责任的承担方式 ····················· 113

第六章　出境入境旅游法律制度 ···································· 119

第一节　中国公民出境入境管理 ···································· 119

一、中国公民出境入境的有效证件 ····························· 120

二、中国公民出国旅游管理制度 ······························· 125

第二节　外国人出境入境管理 ······································ 127

一、外国人入境签证制度 ····································· 128

二、外国人出入境限制 ······································· 130

第三节　出入境检查制度 ·· 131

一、海关检查制度 ……………………………………………… 131

　　二、安全检查制度 ……………………………………………… 134

　　三、边防检查制度 ……………………………………………… 134

　　四、卫生检疫制度 ……………………………………………… 135

第七章　旅游安全管理政策法规 ………………………………… 139

第一节　旅游安全管理概述 …………………………………… 140

　　一、旅游安全概述 ……………………………………………… 140

　　二、旅游安全管理政策法规概述 ……………………………… 141

第二节　旅游安全管理主体的责任 …………………………… 143

　　一、政府的旅游安全管理责任 ………………………………… 144

　　二、旅游经营者的旅游安全管理责任 ………………………… 146

　　三、旅游从业人员的安全管理责任 …………………………… 149

　　四、旅游者的旅游安全责任 …………………………………… 150

第三节　旅游突发事件及其处置 ……………………………… 150

　　一、旅游突发事件的概念与类型 ……………………………… 150

　　二、旅游突发事件的处置 ……………………………………… 152

第八章　旅游资源管理政策法规 ………………………………… 157

第一节　旅游资源管理政策法规概述 ………………………… 157

　　一、旅游资源概述 ……………………………………………… 157

　　二、旅游资源管理政策法规概述 ……………………………… 159

第二节　自然旅游资源管理政策法规 ………………………… 160

　　一、自然保护区管理政策法规 ………………………………… 160

二、风景名胜区管理政策法规 ································ 162
　　三、国家公园管理政策法规 ···································· 164

第三节　人文旅游资源管理政策法规 ································ 166
　　一、文物保护政策法规 ·· 166
　　二、博物馆管理政策法规 ······································ 169
　　三、国家级文化生态保护区管理法律制度 ······················ 169

第四节　旅游景区管理政策法规 ···································· 170
　　一、旅游景区概述 ·· 170
　　二、旅游景区质量等级评定制度 ································ 171
　　三、旅游景区的经营管理规定 ·································· 172

附录A　中华人民共和国旅游法 ···································· 175

附录B　旅行社条例 ·· 195

附录C　导游管理办法 ·· 207

参考文献 ·· 219

第一章　旅游政策与法规概述

学习目标：

① 了解什么是旅游政策与旅游法规；

② 了解旅游政策与旅游法规的主要区别；

③ 了解我国旅游业发展历程中旅游政策与法规的发展演变情况；

④ 了解《中华人民共和国旅游法》的立法背景、主要内容及历史意义。

旅游业经过几十年的发展，已经成为我国国民经济战略性支柱产业，在促进社会经济增长、提升人民生活品质等方面发挥了积极作用。旅游业持续健康发展的前提是规范。从我国旅游业的发展历史来看，旅游政策和法规与旅游业的发展呈相互促进、日益完善的关系，旅游政策与法规在规范和引导旅游业发展方面起着十分重要的作用。《中华人民共和国旅游法》的颁布实施意味着我国旅游立法进一步完善，是我国旅游立法走向成熟的标志性事件。

第一节　旅游政策与旅游法规概述

旅游政策与旅游法规是两个既有联系又有区别的概念。旅游业的规范发展离不开旅游政策的规范与指引，也离不开旅游法规的规范与约束，两者都是旅游业规范发展的重要保障。

一、旅游概述

（一）旅游的含义

了解什么是旅游，是认识旅游政策与旅游法规的基本前提。在旅游已经进入大众化时代后，国民对于旅游的概念完全来自经验的认识。但是，从科学、严谨的角度来看，仍然有必要对这一概念予以阐述。

世界旅游组织和联合国统计委员会对旅游推荐的技术性的统计定义是：为了休闲、商务或其他目的离开惯常环境，到某些地方并停留在那里，但连续不超过一年的活动。从这一定义来看，对于什么是旅游，主要从目的、地点（距离）和时间三个维度来进行考虑。关于旅游的其他的一些提法也基本如此。譬如，有人提出，旅游是暂时在异地的人空余时间的活动，主要是出于休养，其次是出于受教育、扩大知识和交际的原因的旅行。[①]旅游是为了消遣而进行旅行，在某一个国家逗留的时间至少超过 24 小时。

《中华人民共和国旅游法》第二条规定，在中华人民共和国境内的和在中华人民共和国境内组织到境外的游览、度假、休闲等形式的旅游活动以及为旅游活动提供相关服务的经营活动，适用本法。《旅游法》未对旅游一词进行专门的界定，但从《旅游法》上述表述来看，从行为目的角度来说，旅游应该是以游览、度假、休闲为目的。结合世界旅游组织等关于旅游界定的三个维度，我们可以将旅游理解为：人们离开经常居住地进行的以游览、度假、休闲等为目的的行为。

需要注意的是，在全域旅游和旅游大众化的背景下，对于旅游的地点（距离）和时间的理解已很难做出严格、标准的规定。譬如，近郊游、周边游与出境游在时空上有着非常明显的差异，在时间和空间上设定一个固定的标准是异常困难的。

[①] 这是 20 世纪 50 年代奥地利维也纳经济大学旅游研究所对旅游的定义。

（二）旅游的特征

1. 享受性。无论是游览、度假、休闲，还是其他的形式，旅游都是追求一种体验，是为了身体和精神上的愉悦与放松。这也是旅游活动区别于其他类似探亲、商务等活动的一个根本区别。当然，需要注意的是，有时候旅游活动与其他活动也可能具有一定的重合性，譬如，有些人在完成商务活动之余进行游览。

2. 异地性。旅游是一种以追求体验为目的的行为。因此，旅游往往在经常居住地以外，异地性是获得体验的前提。在经常生活的环境，无法获得这一体验。尽管当前随着数字技术的发展，依托相应的平台，通过云旅游的形式，也能实现对景区的游览目的。但是，我们认为这仍然具有异地性的特征，因为云旅游的景区一般也处于经常居住地以外的地域。虽然是居家游览，但是从游览的对象来看，仍然是异地的。

二、旅游政策

（一）旅游政策的含义

按照词典解释，政策是指国家政权机关、政党组织和其他社会政治集团为了实现自己所代表的阶级、阶层的利益与意志，以权威形式标准化地规定在一定的历史时期内，应该达到的奋斗目标、遵循的行动原则、完成的明确任务、实行的工作方式、采取的一般步骤和具体措施。从这一定义可以看出，政策，从制定主体来看，一般是指掌握一定公共权力的机构。政策的内容具有广泛性，既可能是目标任务，也可能是具体原则，或是具体步骤措施。

按照上述政策的概念，旅游政策可以理解为：国家或各级人民政府为了实现旅游业规范和促进旅游业发展所制定的目标任务、行动原则以及具体步骤和举措等。譬如，国务院印发的《"十四五"旅游业发展规划》，国家旅游局发布的《关于进一步加强出境游市场监管的通知》《关于深化导游体制改革加强导游队伍建设的意见》，文化和旅游部颁布的《关于提升假日及高峰期旅游供给品质的指导意见》《关于促进旅游演艺发展的指导意见》等。

（二）旅游政策的特征

1. 内部性。旅游政策多面向各级政府或旅游行政管理部门，以指导各级政府或旅游部门工作为主要目的。譬如，国家旅游局发布的《关于进一步加强出境游市场监管的通知》。因此，旅游政策首先体现为对内部机构的约束。当然，从政策效果来看，旅游政策的实施最终的指向还是旅游业本身。

2. 阶段性。旅游政策一般着眼于一定阶段旅游业发展的目标任务，或是解决一定阶段内旅游业的突出问题，或是对一定时期内旅游领域的体制机制提出要求。因此，在不同的历史阶段，旅游政策可能前后会存在较大的差异，甚至是针对同一问题，采取了完全不同的立场。这并非是旅游政策制定不科学、不严谨，而是社会环境改变后主动做出的政策调整。旅游政策的这一特性也使得其更具灵活性，尤其是针对一些具体问题的政策，可以根据社会环境的变化而变化。

3. 多功能性。旅游政策既可以是针对旅游市场的一些突出问题，从优化治理的角度制定，也可以是着眼社会经济形势的变化对旅游业的发展目标任务提出发展战略、基本原则。因此，旅游政策既具有规范旅游市场秩序、推动旅游业规范发展的功能，又可以从促进发展的角度对旅游业更好发展提出具体措施。譬如，为顺应以互联网为代表的现代信息技术持续更新迭代背景下旅游业发展的新形势，推动旅游业高质量发展，2020年，文化和旅游部、国家发展改革委等十部门颁布了《关于深化"互联网＋旅游"推动旅游业高质量发展的意见》。

三、旅游法规

（一）旅游法规的含义

这里所说的法规是法律规范的简称，是指由具有立法权的机关制定，并由国家强制力保障实施的行为规范。

一般来说，旅游法规有广义和狭义上的理解。广义的旅游法规是指国家制定或认可的，调整旅游活动中所产生的各种社会关系的法律规范的总称。狭义的旅游法规则是指专门为调整旅游领域社会关系所制定的旅游法规。广义上的旅游法规不仅包含了狭义概念下的旅游法规，也包括其他参与调整旅游活动领域社会关系的法律规范，譬如，《民法典》《消费者权益保护法》等。

（二）旅游法规的类型

根据制定部门的不同，旅游法规一般包含以下类型。

1. 法律。法律是指由全国人民代表大会和全国人民代表大会常务委员会制定颁布的规范性法律文件，即狭义的法律，其法律效力仅次于宪法。《中华人民共和国旅游法》就是我国的第一部旅游业法律。当然，按照上述广义的旅游法规的理解，参与调整旅游活动领域社会关系的法律还有很多。

2. 行政法规。行政法规是国家最高行政机关国务院根据宪法和法律，就有关执行法律和履行行政管理职权的问题，以及依据全国人大的特别授权所制定的规范性文件的总称。其法律地位和法律效力仅次于宪法和法律。《旅行社条例》《风景名胜区条例》等都是国务院制定颁布的行政法规。

3. 地方性法规。地方性法规是指依法由有地方立法权的地方人民代表大会及其常委会，就地方性事务以及根据本地区实际情况执行法律、行政法规的需要所制定的规范性文件。譬如，《广西壮族自治区旅游条例》《海南省旅游条例》《北京市旅游条例》。有权制定地方性法规的地方人大及其常委会包括省、自治区、直辖市人大及其常委会、较大城市的人大及其常委会。较大城市，指省、自治区人民政府所在地城市，经济特区所在地城市和经国务院批准的较大城市。

此外，按照《中华人民共和国立法法》规定，除法律对设区的市制定地方性法规的事项另有规定的，设区的、市的人民代表大会及其常务委员会根据本市的具体情况和实际需要，在不与宪法、法律、行政法规和本省、自治区的地方性法规相抵触的前提下，可以对城乡建设与管理、环境保护、历史文化保护等方面的事项制定地方性法规。需要注意的是，设区的、市的地方性法规须报省、自治区的人民代表大会常务委员会批准才能施行。

4. 自治法规。根据《宪法》《立法法》《民族区域自治法》等规定，民族自治地方的人民代表大会有权依照当地民族的政治、经济和文化的特点，制定自治条例和单行条例，其适用范围是该民族自治地方。自治条例和单行条例可以依照当地民族特点，对法律和行政法规的规定做出变通规定，但不得违背法律或者行政法规的基本原则，不得对宪法和民族区域自治法的规定以及其他有关法律、行政法规专门就民族自治地方所做的规定做出变通规定。

5. 规章。国务院各部、委员会、中国人民银行、审计署和具有行政管理职能的直属机构，以及省、自治区、直辖市人民政府和设区的市、自治州的人民政府所制定的规范性文件称规章。前者一般称为部门规章，譬如《旅行社条例实施细则》，后者一般称为地方性规章，譬如《广西旅游民宿管理暂行办法》。规章的内容限于执行法律、行政法规、地方法规的规定，以及属于本行政区域的具体行政管理事项。

此外，我国与外国缔结、参加、签订、加入、承认的双边、多边的条约、协定和其他具有条约性质的文件，除我国在缔结时宣布持保留意见不受其约束的以外，也与国内法具有一样的约束力。所以，也一样可以调整旅游领域的相关社会关系。

四、旅游政策与旅游法规的区别与联系

（一）两者的区别

1. 制定流程不同。旅游法规的制定一般由法规专门规定，制定旅游法规必须要按照规定的流程，否则影响旅游法规的效力。这种严格的流程与旅游法规更注重着眼长远、保持稳定的特性有着密切的关系。旅游政策相较而言更加灵活，对稳定性尽管也有一定的要求，但还不能和旅游法规相比。因此，一般而言，旅游法规的规范程度也较旅游政策更高。

2. 实施方式不同。旅游法规的实施以国家强制力为后盾，并且对于违反旅游法规的行为有明确的处理规定。无论是违反强制性规定的行政处罚、行政强制，还是涉及民事权益的仲裁、诉讼等，都有法定的程序要求。旅游政策主要面向各级政府或旅游行政管理部门，更多是通过内部行政程序予以督促。旅游政策的内

容并不像旅游法规一样权利义务清晰，在实施的过程中各级政府还可以根据当地的情况选择不同的方式，对目标的要求有时也不是完全刚性的。

3. 目的作用不同。旅游法规更多是调整旅游活动领域的社会关系，其首要考量的是规范，有利于旅游产业健康发展。旅游政策则不仅具有规范的目的和作用，更着眼于旅游业的健康持续发展，通过明确政策措施促使旅游业加快发展、高质量发展。因此，旅游政策兼具规范和促进的目的和作用。

（二）旅游政策与法规的联系

尽管旅游政策与旅游法规有非常明显的区别，也存在着内在的联系。其中，最为明显的表现是，旅游政策的内容在一定的情形下会纳入到旅游法规当中。如果旅游政策提出的关于旅游业发展的一些基本原则被证明确实具有长远、重要的指导意义，在解决一些具体问题上被证明确实具有突出的效果，此种情形下，就会将旅游政策的内容转化为旅游法规。这种转换，不仅可行，而且必要。

第二节　我国旅游业发展与旅游政策法规演变

经济基础决定上层建筑，政策和法规作为上层建筑的主要形式，与旅游业的发展密不可分。一方面，旅游业的发展呼唤政策与法规对行业发展予以规范；另一方面，旅游法规和旅游政策在促进旅游业健康迅猛发展方面起到了至关重要的作用。改革开放以来，我国社会经济高速发展，极大地促进了旅游业的快速发展，同时旅游政策与法规也在不断地丰富和完善。

一、旅游业初步发展与旅游政策法规（1978年—1990年）

（一）历史背景

党的十一届三中全会后，党和国家的大政方针实现了大的转变，工作重心也转移到经济建设上来。正是在这一大的历史背景下，旅游业得到了党和国家的关注和重视。一方面，发展旅游业对于搞活经济具有较为直接的促进作用。1979年，邓小平同志在与国务院领导同志谈论国家经济建设方针时就指出：旅游事业大有文章可做，要突出地搞，加快地搞。旅游赚钱多、来钱快，没有还不起外债的问题。另一方面，刚启动的改革开放，迫切地需要在创汇方面有所作为。发展旅游业，吸引国外游客入境旅游能为国家创造一定的外汇，一定程度上解决了当时国家外汇短缺的问题。1979年，国务院颁布的《关于大力发展对外贸易，增加外汇收入若干问题的决定》中明确要求，旅游收汇的留成比例为30%—50%。此外，改革开放后，国家亟须加强与国际社会的交往，而旅游是国际社会了解中国的一个很好的窗口。1981年，《国务院关于加强旅游工作的决定》提出，"旅游事业在我国既是经济事业的一部分，又是外事工作的一部分"，旅游业发展要"政治经济双丰收"。

（二）旅游政策法规制定情况

改革开放后，我国旅游事业的发展与邓小平同志的关心和重视是密不可分的。1978年—1979年，邓小平同志在黄山考察期间先后发表了"旅游业要变成综合性的行业""旅游事业大有文章可做""把黄山的牌子打出去""发展旅游事业，增加国家收入""要大力发展民航、旅游业"等关于加快旅游业发展的谈话，为我国旅游事业的发展的吹响了号角。同时，邓小平同志提出的"城市的发展建设要和旅游业的发展建设综合起来考虑；大力发展旅游业要尤其注意防止环境污染，在开发过程中有效保护风景区"等思想对旅游事业的发展具有重要的历史意义。1981年，国务院印发了《关于加强旅游工作的决定》，提出要从中国的实际情况出发，探索一条适合中国国情和中国特色的旅游业发展道路，我国旅游业发展的初步构想发轫于此。1986年，旅游业正式纳入国家"七五计划"，成为国民经济的重要支柱产业之一，旅游业的发展得到了进一步重视，地位显著上升。这一时期旅游教育的开启也在一定程度上体现了国家对旅游业发展的重视。1985年，桂林旅游专科学校成立（今为桂林旅游学院，2021年成为文化和旅游部与广西壮族自治区人民政府共建高校），成为中国最早一批专门开展旅游教育的学校。

尽管这一时期我国旅游业还只是处于初步发展阶段，总体规模并不算大，但在党和国家的高度重视下，除前述政策方面的大力扶持之外，国家还特别注意加强旅游领域的法制建设。1985年国务院颁布了改革开放后第一部旅游行政法规——《旅行社管理暂行条例》。1987年，国家旅游局又出台了《导游人员管理暂行规定》。这一时期国家还相继出台了《中国国际旅游价格管理暂行条例》《旅游外汇管理暂行办法》《旅游对外招徕管理的若干规定》等法规。

（三）旅游政策法规特点

1. 高层重视，政策扶持力度大。大力发展旅游业是在特定的历史环境中的国家决策，也承担了较为特殊的历史使命。这一时期，党和国家对发展旅游业的政策给予了极大的关注，对我国旅游业发展道路进行了积极的探索，为旅游业的发展创造了极好的政策环境。当然，由于处于初步发展阶段，而且当时我国国民经济整体水平不高、国民收入有限，旅游业态较为单一，总体规模不大。因此，政策内容单一，主要以借鉴探索为主。

2. 立足实际，旅游立法突出重点。这一时期的旅游多为观光游，在当时的交通、信息条件下，人们出游在很大程度上主要依赖旅行社和导游的服务。因此，这一时期主要围绕规范旅行社和导游行为进行立法，这在当时也具有非常现实的意义。同时，鉴于党和国家对这一时期旅游业发展的使命要求，我国的旅游立法也借鉴了国际旅游法。

二、旅游业稳步发展与旅游政策法规（1991年—2008年）

（一）历史背景

改革开放后，我国社会经济有了明显的改善，发展旅游业的基础逐步向好，旅游业自身也在探索中积累了一些经验。但是，我国旅游业总体规模不大。进入20世纪90年代，经济体制转轨的迫切性进一步凸显。1992年，党的十四大正式确立我国经济体制改革的目标是建立社会主义市场经济体制。旅游业在这一历史背景下，深化体制机制改革成为重要工作，发展社会经济、深化改革开放更是促进了旅游业的发展。1998年亚洲金融危机的发生，扩大内需成为当时应对出口不畅、寻找新的经济增长点的重要举措，旅游业的发展也突飞猛进。在扩大开放方面，2001年12月11日中国正式加入世界贸易组织（WTO），为旅游业，特别是出入境旅游的发展创造了更加有利的条件。值得注意的是，在这个较长的时段里，中国经济增长的速度举世瞩目。2006年2月底，我国外汇储备首次超过日本，位居全球第一；同年10月，我国外汇储备首次突破1万亿美元大关，成为全球第一个万亿美元储备国家；2008年中国人均GDP超过3000美元，几乎是1991年人均GDP333美元的10倍。作为与经济发展和国民收入增长密切相关的旅游业，更是如雨后春笋，呈现出了欣欣向荣的局面。同时旅游业的迅猛发展也对旅游政策和法规提出了更高的要求。

（二）旅游政策法规制定情况

在上述历史背景下，这一时期旅游政策法规的制定主要从以下几个方面考量。

1. 适应体制转轨，不断深化旅游领域的体制机制改革。1993年，国家旅游局、国家物价局印发《关于国际旅游价格管理方式改革的有关问题的通知》，将"自上而下"的国家政府定价制度，改变为"自下而上"的旅游企业根据成本经营和市场供求情况自行确定价格和收费标准。1989年，《关于对导游人员实施合同管理的通知》实施后，导游队伍的管理体制发生了深刻的转变。行政审批权力下放和规范行政许可也成为这一时期改革的重要内容。譬如，将三星级以下饭店评定与审批权下放至各省、自治区、直辖市旅游局。2006年，国家旅游局颁布《行政许可实施暂行办法》，明确行政许可边界，规范行政许可行为，进一步保护公民、法人和其他组织的合法权益。在涉及外商投资方面，先后出台了《关于在国家旅游度假区开办中外合资第一类旅行社的审批管理暂行办法》《设立外商控股、外商独资旅行社暂行规定》等。

2. 拉动经济增长，持续支持旅游业发展壮大。1993年，国务院转发国家旅游局起草的《关于积极发展国内旅游业的意见》，提出大力发展国内旅游业，带动相关产业健康快速发展。1998年中央经济工作会议上，旅游业被确定为国民经济新的增长点，地位进一步提升。1999年9月，国务院修改了《全国年节及纪念日放假办法》，开始实施"黄金周"制度。假日制度的调整有效地刺激了国内旅游业的迅猛发展。2001年12月，国务院出台《关于进一步加快旅游业发展的通知》，提出树立大旅游观念，充分调动各方面的积极性，努力扩大旅游发展规模，进一步发挥旅游业作为国民经济新增长点的作用，努力建设世界旅游强国。

3. 坚持规范管理，突出整治市场秩序。一方面，随着旅游业的不断发展，对行业管理的要求也越来越高，既要针对新的形势建立新制度、新机制，同时结合新的形势发展和前期管理经验，已有的制度也要不断健全完善。《旅游安全管理暂行办法》（1990）《旅游投诉暂行规定》（1991）《旅行社质量保证金暂行规定》（1995）《旅行社经理资格认证管理规定》（1997）《旅行社办理旅游意外保险暂行规定》（1997）《旅游发展规划管理暂行办法》（2000）《旅游景区质量等级评定管理办法》（2005）等相继出台。与此同时，原有的有关旅行社管理、导游管理等相关法规也得到进一步完善。1996年，《旅行社管理条例》出台；1999年，《导游人员管理条例》出台；2001年，针对上述两个条例的《旅行社管理条例实施细则》《导游人员管理实施办法》也相继颁布实施。这一时期旅游业在快速发展过程中，一些市场乱象也日益凸显，欺客宰客、胁迫消费、随意变更路线等事件屡有发生，在社会上产生了不好影响，整顿旅游市场迫在眉睫。在此背景下，国家旅游局相继下发《关于加强出境旅游市场管理的通知》（2000）《关于整顿和规范旅游市场秩序工作的通知》（2002）《关于加强中国公民出境旅游市场管理的通知》（2003）等。2007年，国家旅游局还制定下发《治理整顿"零负团费"专项行动工作方案》，针对"零负团费"引起的相关问题开展集中专项整治。

4. 适应开放新形势，健全出入境旅游管理。1997年，《中国公民自费出国旅游管理暂行办法》出台，宣告出境旅游开始进入全面规范管理阶段。2002年，《中国公民出国旅游管理办法》出台，重点围绕旅行社组织中国公民出国旅游活动，从出国旅游的目的地管理、旅行社资质和经营等方面进行规范。2006年，《大陆居民赴台湾地区旅游管理办法》在规范赴台旅游业务的同时，也极大地促进了两岸之间的旅游交往。

（三）旅游政策法规特点

1. 紧跟形势。如上所述，这一时期，我国政治、经济和社会各个层面都经历了深刻的变革。对于旅游业而言，既面临着经济飞速发展、对外开放等带来的重大机遇，也迫切需要对应旅游业快速发展进行行业的规范治理。这一时期的旅游政策法规，一方面紧跟形势发展，加大旅游业的政策支持力度，深化体制机制改革、扩大对外开放，引导旅游业加快发展；另一方面，建立健全旅游政策法规，加大旅游市场的整治力度。

2. 内容丰富。这一时期时间跨度比较长，面对的问题比较多，因此在旅游政策方面相较于前一阶段更为丰富，可以说是引导与规范并重、对内与对外结合、建立与健全并举，很多旅游领域基础性制度都是在这一时期完成的。这既是形势发展的需要，也体现了国家对发展旅游业的高度重视。

三、旅游业全面创新发展与旅游政策法规（2009年至今）

（一）历史背景

进入这一时期，中国经济发展速度令世人瞩目。但是，略显粗放的经济结构弊端也越来越凸显。经济发展既追求速度，也注重发展的质量，科学发展观逐渐成为共识。2015年10月，习近平总书记在党的十八届五中全会上提出了"创新、协调、绿色、开放、共享"的发展理念，强调创新发展注重的是解决发展动力问题，协调发展注重的是解决发展不平衡问题，绿色发展注重的是解决人与自然和谐共处问题，开放发展注重的是解决发展内外联动问题，共享发展注重的是解决社会公平正义问题，强调坚持新发展理念是关系我国发展全局的一场深刻变革。在此背景下，"绿水青山就是金山银山"深入人心，"一带一路"倡议广受认同。"区域全面经济伙伴关系协定（RECP）"等国际协议的签订，进一步彰显了改革开放的基本国策。

对于旅游业而言，国民经济的高速发展为旅游业的腾飞奠定了良好的基础。然而，以观光游为主，"一头大、其他小"的旅游业结构发展持续性、拓展性堪忧，发展理念亟待转变，旅游业态亟须创新。党的十八大以来，以习近平同志为核心的党中央提出的新理念、新思想成为这一时期旅游业发展的指针。习近平总书记强调："文化产业和旅游产业密不可分，要坚持以文塑旅、以旅彰文，推动文化和旅游融合发展，让人们在领略自然之美中感悟文化之美、陶冶心灵之美。"2019年，党的十九大报告明确提出："中国特色社会主义进入新时代，我国社会主要矛盾已经转化为人民日益增长的美好生活需要和不平衡不充分的发展之间的矛盾。"这是中国特色社会主义进入新时代的标志，社会主要矛盾的转变对党和国家的工作提出了新要求。深入贯彻习近平新时代中国特色社会主义思想，坚持深化旅游业供给侧结构性改革，坚持业态改革创新，坚持文旅融合，走高质量发展道路，更好地满足人民日益增长的美好生活需要成为旅游业发展的主基调。

（二）旅游政策法规制定情况

1. 支持力度持续加大，产业地位进一步提升。2009年12月，国务院出台《关于加快旅游业发展的意见》，明确提出要"深化改革开放，加强统筹协调，转变发展方式，提升发展质量，把旅游业培育成国民经济的战略性支柱产业和人民群众更加满意的现代服务业"。旅游业在国民经济中的定位实现了历史性突破。2014年，国务院印发《关于促进旅游业改革发展的若干意见》，从创新发展理念、加快转变发展方式、深化旅游改革、推动区域旅游一体化、大力拓展入境旅游市场、加强旅游基础设施建设、加大财政金融扶持力度等二十个方面对旅游业改革发展提出要求，并且制定了重点任务分工和进度安排表，加快推进落实相关工作。2015年，国家旅游局发布《中国旅游"5·15战略"》，提出要加快我国旅游业的国际化、科技化和多元化，促进旅游业转型升级和提质增效。这一时期最让人欣喜的是《中华人民共和国旅游法》正式出台，自此，我国旅游领域终于有了一部综合性法律，这在我国旅游发展史中具有里程碑意义。

2. 深入贯彻新发展理念，旅游业态不断创新。2009年，文化部和旅游部共同出台《关于促进文化与旅游结合发展的指导意见》，旅游业找到了一条深化内涵发展的新路。《关于促进旅游业改革发展的若干意见》提出，要拓展旅游发展空间，积极发展休闲度假旅游，大力发展乡村旅游，积极开展研学旅行，大力发展老年旅游等。

《"十三五"旅游业发展规划》提出理念创新、产品创新、业态创新、技术创新和市场主体创新。要求推动精品景区建设，加快休闲度假产品开发，大力发展乡村旅游，提升红色旅游发展水平，加快发展自驾车、旅居车旅游，大力发展海洋及滨水旅游，积极发展冰雪旅游，加快培育低空旅游。从消费端倡导绿色旅游消费，从供给端强调绿色开发与节能减排。构建旅游开放新格局，实施积极的旅游外交战略，大力提振入境旅游，深化内地与港澳、大陆与台湾地区旅游合作，有序发展出境旅游，提高旅游业开放发展的深度和广度，提升旅游业发展内外联动性。

2022年，《"十四五"旅游业发展规划》提出，"十四五"时期要以习近平新时代中国特色社会主义思想为指导，坚持稳中求进工作总基调，以推动旅游业高质量发展为主题，以深化旅游业供给侧结构性改革为主线，注重需求侧管理，以改革创新为根本动力，以满足人民日益增长的美好生活需要为根本目的，坚持系统观念，统筹发展和安全、统筹保护和利用，立足构建新发展格局，在疫情防控常态化条件下创新提升国内旅游，在国际疫情得到有效控制前提下分步有序促进入境旅游、稳步发展出境旅游，着力推动文化和旅游深度融合，着力完善现代旅游业体系，加快旅游强国建设，努力实现旅游业更高质量、更有效率、更加公平、更可持续、更为安全的发展。

这一时期，《关于加快发展森林旅游的意见》（2011）《国民旅游休闲刚要》（2013）《关于开展国家中医药健康旅游示范区（基地、项目）创建工作的通知》（2016）《关于促进自驾车旅居旅游发展的若干意见》（2016）《关于推进中小学研学旅行的意见》（2016）《关于大力发展体育旅游的指导意见》（2016）《关于促进交通运输与旅游融合发展的若干意见》（2017）等相继出台。此外，以互联网为代表的现代信息技术持续更新迭代，为旅游业高质量发展提供了强大动力。

2020年，文化和旅游部、国家发展改革委等十部门联合印发《关于深化"互联网＋旅游"推动旅游业高质量发展的意见》，结合新时期"互联网＋旅游"发展面临的新形势、新机遇和新挑战，提出加快建设智慧旅游景区，完善旅游信息基础设施，创新旅游公共服务模式，加大线上旅游营销力度，加强旅游监管服务，提升旅游治理能力，扶持旅游创新创业，保障旅游数据安全等八项重点任务。提出到2022年，建成一批智慧旅游景区、度假区、村镇和城市。到2025年，国家4A级及以上旅游景区、省级及以上旅游度假区基本实现智慧化转型升级。2020年，文旅部出台《在线旅游经营服务管理暂行规定》，对旅行社等旅游经营者开展在线旅游服务等进行规范，着力保障旅游者的权益。

3. 不断深化体制机制改革，努力迈向治理现代化。2014年，《关于促进旅游业改革发展的若干意见》进一步明确了深化旅游业改革的任务，提出要加快政府职能转变，进一步简政放权，使市场在资源配置中起决定性作用。2018年，国务院办公厅发布《关于促进全域旅游发展的指导意见》，提出要努力破除制约旅游业发展的瓶颈和障碍，不断完善全域旅游发展的体制机制、政策措施和产业体系。同年，文化和旅游部正式组建挂牌，开启了旅游业管理和发展模式的新里程。《"十四五"旅游业发展规划》明确提出要建立现代旅游治理体系，并围绕依法治旅，对加强旅游信用体系建设，依法落实旅游市场监管责任，健全旅游市场综合监管机制，提升旅游市场监管执法水平，倡导文明旅游等提出明确要求。

（三）旅游政策法规的特点

1. 政策引导产业发展特征更加显著。这一时期，旅游业的转型、改革、创新是重点。在这一过程中，相关政策积极发挥引导作用，不仅有综合性的，而且出台了不少专门针对新兴业态的政策或法规，政策数量多，措施力度大，充分彰显了政府引导产业创新发展的决心。

2. 旅游立法取得里程碑式成就。在前一阶段，旅游领域的基础性法规得到了较大程度的完善。但是，立法的层次多在法规规章层面，始终缺乏一部统领旅游领域的综合性法律。这一时期，旅游法规的出台数量虽远不能和前一阶段相比，但是，出台旅游法的呼声日益高涨，各方面条件也日益成熟，最终促成了《旅游法》的出台，成为旅游立法中的一个里程碑事件，为我国旅游持续规范发展奠定了更加坚实的基础。

第三节 《中华人民共和国旅游法》概述

据不完全统计，有 60 多个国家和地区制定了旅游法律。譬如，英国在 1969 年制定了《英国旅游发展法》，美国在 1979 年制定了《美国全国旅游政策法》，而日本则早在 1963 年就制定了《日本旅游基本法》。我国制定旅游法的工作启动较早，但过程漫长而曲折。《中华人民共和国旅游法》最终于 2013 年 4 月 25 日在中华人民共和国第十二届全国人民代表大会常务委员会第二次会议上通过，自 2013 年 10 月 1 日起施行。随后，《旅游法》又经过两次修正，分别是 2016 年 11 月 7 日第十二届全国人民代表大会常务委员会第二十四次会议《关于修改〈中华人民共和国对外贸易法〉等十二部法律的决定》第一次修正，2018 年 10 月 26 日第十三届全国人民代表大会常务委员会第六次会议《关于修改〈中华人民共和国野生动物保护法〉等十五部法律的决定》第二次修正。

《中华人民共和国旅游法》是我国旅游业发展史上的第一部法律。《旅游法》的出台为维护旅游者和旅游经营者权益提供了保障，标志着我国旅游业进入了依法兴旅、依法治旅的新阶段，对我国旅游业持续健康发展具有重大意义。

一、《旅游法》的立法背景

《旅游法》立法在改革开放之初就提上了议事日程，1982 年，国务院有关部门就着手起草旅游法。1988 年，旅游法曾列入七届全国人大常委会立法规划。由于当时我国旅游业刚刚起步，对旅游立法涉及的方方面面的问题认识还不够，意见也不统一。因此，旅游立法一直没有提上议事日程。

随着我国旅游业的发展，旅游立法终被提上议事日程。十一届全国人大财政经济委员会成立后，于2009年12月牵头组织国家发展改革委、文化和旅游部等23个部门和有关专家成立旅游法起草组。2012年年底，十一届全国人大常委会第三十次会议对旅游法草案进行了第二次审议。草案二审稿充分吸收了初审中常委会组成人员的意见以及社会各方面的建议，进一步完善了公益性文化场馆开放、旅游资源保护、游客合法权益维护等方面的内容。2013年4月25日下午，十二届全国人大常委会第二次会议正式通过了《中华人民共和国旅游法》。

《旅游法》能够出台，与四个方面有着较大的关系：一是社会上要求制定旅游法呼声很高。据统计，从八届全国人大一次会议至十一届全国人大五次会议，共有1400多名代表和3个代表团提交48件议案，建议制定旅游法。同时，还有许多代表提出意见和建议，希望尽快制定旅游法。二是我国经济社会发展的迫切要求。长期以来，我国主要依靠投资拉动和出口带动来发展经济，2008年国际金融危机的冲击，表明这种发展方式再也难以为继。旅游业作为现代服务业的龙头，涉及范围广、消耗资源少、带动系数大、创造就业多、综合效益好。发展旅游业成为转变经济发展方式、调整经济结构、实现科学发展的优选项。到2010年，全国已有27个省（区、市）把旅游业确定为支柱产业或主导产业。三是旅游业发展为旅游立法奠定了坚实基础。改革开放以来，我国旅游业从小到大、由弱变强，国内旅游市场规模已居全球第一位；接待入境旅游和公民出境旅游居全球第三位；旅游外汇收入居全球第四位；实现了历史性跨越发展。人民的生活水平日益提高，旅游意愿和能力明显增强，出游人数越来越多。2013年，时任国家旅游局局长邵琪伟就表示，"经过这30年的发展，中国旅游业可以说是突飞猛进，大家都知道全国旅游产业化程度已经大大提高了，按照去年统计数据，我们国内旅游的出游人数就接近30亿人次，这在世界上是最高的，国内旅游业总收入达到2.25万亿人民币。因此，这么大的旅游市场迫切需要一部法律来规范旅游产业的发展，来规范旅游经营企业的行为，同时也要规范旅游者的行为。"四是旅游法制建设为旅游立法提供了法制基础。《旅游法》出台前，国务院先后制定了"旅行社条例""导游人员管理条例""中国公民出国旅游管理办法"等3个行政法规,有关部门制定了30多件行政规章,全国31个省(区、市)人大也制定了"旅游条例"或"旅游管理条例"。

二、《旅游法》的主要内容和立法目的

《旅游法》采取了综合立法模式。全法共设10章112条,除总则、附则之外,分别对旅游者、旅游规划和促进、旅游经营、旅游服务合同、旅游安全、旅游监督管理、旅游纠纷处理、法律责任做出规定,涵盖了行政法、经济法、民法的内容。

《旅游法》第一条规定,为保障旅游者和旅游经营者的合法权益,规范旅游市场秩序,保护和合理利用旅游资源,促进旅游业持续健康发展,制定本法。从该条规定不难看出,《旅游法》立法涵盖了四个方面的目的:保障旅游者和旅游经营者的合法权益;规范旅游市场秩序;保护和合理利用旅游资源;促进旅游业持续健康发展。旅游立法有效回应了社会的呼声,为旅游业可持续发展提供了必不可少的保障,体现了政府促进旅游业发展的决心。从立法目的来看,《旅游法》兼顾旅游经营者与旅游者权益,坚持规范与促进并重,以旅游业持续健康发展作为最终依归。

三、《旅游法》出台的意义[①]

第一,突出《旅游法》的保障地位,为维护旅游者和旅游经营者及其从业人员合法权益、保护旅游资源、保障旅游安全奠定了法律基础。

在维护旅游者权益方面:旅游法单设"旅游者"一章,以具体权利落实为旅游者提供法律保护。一是自主选择权;二是拒绝强制交易权;三是知悉真情权;四是要求履约权;五是受尊重权;六是请求救助保护权;七是特殊群体获得便利优惠权。同时,还在其他各章以保障旅游者合法权益为主线做出了更加详细的规定。

[①] 淮南市潘集区文化旅游体育局.《旅游法》内容解读,https://www.huainan.gov.cn/public/118323325/1258938281.html,2022-02-15.

在保障旅游经营者及其从业人员权益方面：《旅游法》注重平衡对旅游经营者权益的保障。在遇有不可抗力、合同不能继续履行的情况下，赋予旅行社变更、解除合同的权利。为解决旅游经营者责任问题，针对旅游活动中出现的各种情况，法律规定了公平合理分担责任的原则，并建立了责任保险制度。为保障旅游从业人员合法权益，法律专门规定，旅行社应当与导游签订劳动合同，支付劳动报酬、缴纳社会保险或者支付导游服务费用，不得要求导游垫付或者向导游收取费用。

在保护旅游资源方面：《旅游法》提出旅游业发展遵循社会效益、经济效益和生态效益相统一的原则，在有效保护前提下，依法合理利用旅游资源。对自然资源和人文资源进行旅游利用，必须严格遵守有关法律、法规的规定，符合资源、生态保护与文物安全的要求，尊重和维护当地传统文化和习俗，维护资源的区域整体性、文化代表性和地域特殊性，并考虑军事设施保护的需要。政府应当加强对资源保护和旅游利用状况的监督检查。

在保障旅游安全方面：《旅游法》确立政府统一负责、部门依法监管、旅游经营者具体负责、旅游者自我保护的全程责任制度。一是设立事前预防制度，包括旅游目的地安全风险提示、流量控制，旅游经营者安全评估、警示、培训等；二是设立事中安全管理制度，包括政府安全监管和救助，旅游经营者报告和救助，旅游者遵守安全规定等；三是设立事后应急处置制度，包括政府和旅游经营者处置责任，旅游者配合并依法承担费用等义务。

第二，强化《旅游法》的规范功能，为规范旅游经营、旅游服务合同、旅游监督管理、旅游市场秩序，发挥市场配置资源的基础性作用提供了法律依据。

在规范旅游经营方面：《旅游法》确立了旅游经营的基本制度。对于旅游经营者，法律明确了旅行社许可条件、业务范围、经营规则。规定旅行社不得虚假宣传，不得安排违法和违反社会公德项目，不得以不合理低价组织旅游活动，不得指定具体购物场所，不得安排另行付费项目，不得要求导游垫付或者向其收取费用，不得拖欠导游工资或者服务费。对于旅游从业人员，法律明确了从业条件，要求导游、领队必须持证上岗，为旅游者提供服务必须接受旅行社的委派。导游、领队不得擅自变更旅游行程或者中止服务活动，不得向旅游者索取小费，不得诱导、欺骗、强迫旅游者购物或者参加另行付费项目。关于景区，法律明确了开放条件，要求利用公共资源建设的游览场所应当体现公益性质，对门票价格做出了更加细致的规定。关于新兴旅游业态，法律对农家乐、高风险旅游项目、网络经营以及其他旅游经营活动做出了明确规定。同时还明确了旅游经营相应的法律责任。

在规范旅游服务合同方面：《旅游法》对包价旅游合同的订立、变更、解除、违约作了全面具体的规定，进一步明确了包价旅游合同的主要内容、旅行社说明义务、合同解除各种情形以及责任分担，并对旅游安排合同、代订合同、咨询合同和住宿合同衔接做了原则规定。从法律上规定了旅游者与旅行社、组团社与地接社、委托社与代理社、旅行社与履行辅助人之间的特殊责任分担制度。同时还对旅游者义务提出了明确要求，对法律责任进行了系统规定。

在规范旅游监管方面：《旅游法》明确了政府牵头部门分工负责的监管机制、联合执法机制、统一受理投诉机制、违法行为查处信息共享机制、跨部门跨地区督办机制、监督检查情况公布机制。禁止旅游主管部门及其工作人员参与任何形式的旅游经营活动。要求旅游行业组织依法制定行业经营规范和服务标准，对其会员的经营行为和服务质量进行自律管理，组织业务培训，提高从业人员素质。同时，法律还对旅游纠纷处理的途径、程序和法律责任进行了规定。

第三，发挥《旅游法》的促进作用，为健全旅游管理体制、强化旅游发展规划、完善旅游产业发展机制、发挥政府主导作用、促进旅游业持续健康发展创造了法制环境。

在健全旅游管理体制方面：《旅游法》规定国务院建立健全旅游综合协调机制，对旅游业发展进行综合协调。要求县级以上地方政府加强对旅游工作的组织和领导，明确相关部门或者机构对本行政区域旅游业发展和监督管理进行统筹协调。

在强化旅游发展规划方面：《旅游法》进一步明确了旅游发展规划的编制主体、内容要求，以及旅游发展规划与土地利用总体规划、城乡规划、环境保护规划以及其他自然资源和人文资源的保护和利用规划的衔接，要求将旅游业发展纳入国民经济和社会发展规划。

在完善旅游产业发展机制方面：《旅游法》进一步明确了各级政府促进旅游产业发展的职责。一是制定并组织实施有利于旅游业持续健康发展的产业政策，推进休闲体系建设，采取措施推动区域合作，促进旅游与其他产业的融合，扶持特殊地区旅游业发展；二是根据实际情况安排资金，加强旅游基础设施建设、公共服务和形象推广；三是根据需要建立旅游公共信息和咨询平台，建立客运专线或者游客中转站，向旅游者提供必要的公共服务；四是倡导健康、文明、环保的旅游方式，支持和鼓励各类社会机构开展旅游公益宣传，鼓励和支持发展旅游职业教育和培训，提高从业人员素质。

课程思政点

1. 爱党爱国。中国旅游业的发展以中国经济社会高速发展为依托，旅游业的快速发展也是对中国经济改革取得伟大成就的印证。我国旅游业的发展历程让我们感受到祖国发生的巨大变化，人民幸福，国家强盛。党和国家领导人对旅游业的高度重视是旅游业快速发展重要原因，体现了党和国家对人民美好生活向往迫切需求的高度重视，更体现了中国共产党全心全意为人民服务的根本宗旨。

2. 文明和谐。习近平总书记提出的五大发展理念、生态文明建设思想蕴含了人与自然、人与人文明和谐共处之道。这些新理念、新思想是旅游业发展的指针。《"十四五"旅游业发展规划》充分体现了新理念、新思想。在介绍旅游政策时，我们既要看到政策的具体内容，也要分析理解其中蕴含的思想，并且深刻领会这些思想。

拓展与深化题

1. 世界上大多数国家都重视旅游业的发展，并且在旅游业的发展过程中制定了自己的政策与法规，尤其是一些旅游业发展较早、较好的国家，旅游政策与法规也相对完善。请选择其中一个国家，了解其旅游政策法规的制定情况，并和我国的旅游政策法规制定情况作简要对比。

2. 世界旅游组织（World Tourism Organization，UNWTO）是联合国系统的政府间国际组织，是旅游领域的领导性国际组织。为引导和促进旅游业发展，世界旅游组织积极收集和分析旅游数据，研究全球旅游政策，制定国际性旅游公约、规则。世界旅游组织制定的旅游政策、公约及规则对各国旅游政策法规制定起到了积极的指导作用。请尝试了解世界旅游组织的政策与规则制定情况。

3. 当下旅游业业态创新加快推进，旅游新业态不断呈现。从我国旅游政策法规的演变历程可以看出，旅游政策法规与旅游业的发展密切相关，新的旅游业态的发展必然需要旅游政策与法规的引导、规范、促进。请调查了解当下有哪些旅游新业态亟须健全完善哪些相应的旅游政策法规。

第二章　旅行社管理政策法规

学习目标：

❶ 了解旅行社的概念、业务构成；

❷ 了解旅行社设立需要具备的条件；

❸ 了解旅游服务质量保证金、旅行社责任保险等与旅行社经营相关的管理要求；

❹ 了解旅行社经营中应该遵守的规范。

旅行社招徕并组织游客开展旅游活动，是旅游市场重要主体之一。随着交通与信息的日益便利，自助游占比有较大程度的提升，但远游、出境游，人们选择团队游仍占据较大比例。如携程发布的"端午假期旅行"大数据显示，2022年端午假期，国内跨省团队游在跟团游业务中的占比接近80%。因此，旅游市场是否规范有序，很大程度上取决于旅行社等旅游市场主体的行为是否规范。亦因如此，旅行社管理政策法规始终是旅游政策与法规中的重要内容。

第一节　旅行社概述

一、旅行社的概念

旅行社一词的英文为 Travel Agency。旅行社一般泛指旅游服务机构、旅游代理机构或旅游营销机构。世界旅游组织给出的定义是：零售代理机构向公众提供关于可能的旅行、居住和相关服务，包括服务酬金和条件的信息。旅行组织者或制作批发商或批发商在旅游需求提出前，以组织交通运输、预订住宿和提出所有其他服务为旅行和旅居做准备的行业机构。

我国相关旅游法规对旅行社也进行过界定。《旅行社管理暂行条例》（1985年）第二条规定，旅行社（旅游公司或其他同类性质的组织）是指依法设立并具有法人资格，从事招徕、接待旅行者，组织旅游活动，实行独立核算的企业。2001年颁布的《旅行社管理条例》则将旅行社界定为"有营利目的，从事旅游业务的企业"，同时明确旅游业务是指为旅游者代办出境、入境和签证手续，招徕、接待旅游者，为旅游者安排食宿等有偿服务的经营活动。2009年《旅行社条例》则将旅行社界定为"从事招徕、组织、接待旅游者等活动，为旅游者提供相关旅游服务，开展国内旅游业务、入境旅游业务或者出境旅游业务的企业法人"。

从上述旅游法规对旅行社的界定不难看出，旅行社简单来说就是"提供旅游服务的组织"。但是需要注意两点。

第一，旅游服务的形式。根据《旅行社条例实施细则》，旅行社招徕、组织、接待旅游者提供的相关旅游服务，主要包括：

（一）安排交通服务；

（二）安排住宿服务；

（三）安排餐饮服务；

（四）安排观光游览、休闲度假等服务；

（五）导游、领队服务；

（六）旅游咨询、旅游活动设计服务。

此外，旅行社还可以接受委托，提供下列旅游服务：

（一）接受旅游者的委托，代订交通客票、代订住宿和代办出境、入境、签证手续等；

（二）接受机关、事业单位和社会团体的委托，为其差旅、考察、会议、展览等公务活动，代办交通、住宿、餐饮、会务等事务；

（三）接受企业委托，为其各类商务活动、奖励旅游等，代办交通、住宿、餐饮、会务、观光游览、休闲度假等事务；

（四）其他旅游服务。

需要注意旅行社的旅游服务应与其他旅游经营者的服务区分开来。一般来说，旅行社并不直接提供餐饮、住宿、交通、景区游览等服务，实际提供此类服务的往往是与旅行社存在合同关系的酒店、景区等经营主体。因此，相对而言，旅行社的旅游服务更多的是旅游计划的制定与旅游活动的组织。这一点从《旅行社条例实施细则》有关"安排"等表述中也不难看出。

第二，旅行社的性质。从《旅行社条例》对旅行社的界定来看，旅行社只能是企业法人，因此，排除了非法人组织、自然人等经营旅行社业务的可能。

二、旅行社的业务类型

按照《旅游法》《旅行社条例》相关规定，旅行社主要开展以下类型的旅游业务。

（一）国内旅游业务

国内旅游业务，是指旅行社招徕、组织和接待中国内地公民在境内（不含港澳台）旅游的业务。

（二）出境旅游业务

出境旅游业务，是指旅行社招徕、组织、接待中国内地居民出国旅游或赴香港特别行政区、澳门特别行政区和台湾地区旅游，以及招徕、组织、接待在中国内地的外国人、在内地的香港特别行政区、澳门特别行政区居民和在大陆的台湾地区居民出境旅游的业务。

（三）入境旅游业务

入境旅游业务，是指旅行社招徕、组织、接待外国旅游者来我国旅游，香港特别行政区、澳门特别行政区旅游者来内地旅游，台湾地区居民来大陆旅游，以及招徕、组织、接待在中国内地的外国人、在内地的香港特别行政区或澳门特别行政区居民和在大陆的台湾地区居民在境内旅游的业务。

（四）边境旅游业务

边境旅游业务，是指经批准的旅行社组织和接待我国及毗邻国家的国民，集体从指定的边境口岸出入境，在双方政府商定的区域和期限内进行的旅游活动。

三、我国旅行社管理政策与法规概况

（一）旅行社管理政策概况

在出台的旅游政策中对旅行社经营给予了政策"松绑"与政策支持。1993年，国务院办公厅转发《国家旅游局关于积极发展国内旅游业意见的通知》提出，积极扶持以旅行社为龙头的国内旅游接待服务体系，给予经营便利和支持，以扩大有组织的旅游方式在国内旅游中的比重，提高国内旅游业的水平。2009年《关于加快旅游业发展的意见》进一步加大政策支持力度，提出要放宽旅游市场准入，打破行业地区壁垒，简化审批手续，鼓励社会资本公平参与旅游业发展，鼓励各种所有制企业依法投资旅游产业。积极引进外资旅游企业，在试点的基础上，逐步对外商投资的旅行社开放经营中国公民出境旅游业务。同时也支持国内旅行社"走出去"经营旅游业务。允许旅行社参与政府采购和服务外包。旅行社按营业收入缴纳的各种收费，计征基数应扣除各类代收服务费。2014年，《国务院关于促进旅游业改革发展的若干意见》继续关注旅行社管理体制改革，提出各地要

破除对旅行社跨省设分社、设门市的政策限制，鼓励品牌信誉度高的旅行社和旅游车船公司跨地区连锁经营。取消边境旅游项目审批，将旅行社经营边境游资格审批和外商投资旅行社业务许可下放至省级旅游部门。为适应游客对旅游服务质量日益重视，旅游业态不断创新的新形势，引导旅行社跟上形势的发展变化，2022年《"十四五"旅游业发展规划》提出，支持旅行社向"专业化、特色化、创新型"方向发展，实现旅行社经营向现代、集约、高效转变。

（二）旅行社管理立法概况

在旅游市场发展初期，旅行社的角色尤为重要。1985年，我国旅游业起步不久，国务院就制定了《旅行社管理暂行条例》，这是我国旅行社行业、也是我国旅游行业的第一部法规。该条例对旅行社的性质，旅行社的分类，各类旅行社的资质及其审批程序，旅行社的职责等进行了明确。1988年，国家旅游局发布《旅行社管理暂行条例实施办法》，对条例内容进行细化。

《旅行社管理暂行条例》对我国早期规范旅行社管理发挥了重要作用，实施过程中也积累了许多旅行社管理的经验。在此基础上，同时也为了解决旅行社管理遇到的一些新问题，1996年，国务院发布了《旅行社管理条例》。同年，国家旅游局发布《旅行社管理条例实施细则》。《旅行社管理条例》重新划分了旅行社的类别，即国际社和国内社，同时对旅行社的准入条件和经营行为做出了更为详细具体的规范。2001年，为了应对加入世贸组织（WTO）的新形势，国务院发布关于修改《旅行社管理条例》的通知，增加关于外商投资旅行社的相关规定。在此期间，国家旅游局也相继发布了《旅行社质量保证金暂行规定》（1995）《旅行社质量保证金赔偿暂行办法》（1997）《旅行社经理资格认证管理规定》（1997）《旅行社投保旅行社责任险保险规定》（2001）等，旅行社管理中的一些相关问题得到进一步明确。

2009年，为适应旅行社发展新形势，国务院发布《旅行社条例》，国家旅游局发布《旅行社条例实施细则》。去掉"管理"两个字，这样的改动强调了以消费者为先和行业自律的双重内涵，旅游行政管理部门将强化公共服务的职能，更注重保障游客和旅行社双方的权益，促使旅行社行业形成良性循环市场。新条例取消了旅行社类别划分，消除了旅行社设立分支机构的体制性障碍，明确允许外商可单独设立旅行社，整体上降低了旅行社的准入门槛。此外，新条例在处罚力度、细节规范等方面要求更严格。

为了依法推进简政放权、放管结合、优化服务改革，国务院对取消和调整行政审批项目、价格改革和实施普遍性降费措施涉及的行政法规进行了清理。2016年2月6日李克强总理签署的《国务院关于修改部分行政法规的决定》（中华人民共和国国务院令第666号），其中对《旅行社条例》的部分条款进行了修改，其修改内容涉及旅行社业务范围，旅行社及分社的办理程序，旅游局和工商局的执法权限等相关内容。此后，根据2017年3月1日中华人民共和国国务院令第676号《国务院关于修改和废止部分行政法规的决定》和2020年11月29日中华人民共和国国务院令第732号《国务院关于修改和废止部分行政法规的决定》，《旅行社条例》两度进行了修订。

《旅游法》对旅行社的设立条件、业务范围、经营规范等方面做出了具体规定，对旅行社的管理也更加科学规范。

第二节　旅行社设立法律制度

一、旅行社的设立和业务许可审批流程

（一）旅行社设立条件

旅行社的设立条件随着旅游业的发展而改变。目前，按照《旅游法》《旅行社条例》等旅游法规规定，申请设立旅行社应当具备以下几方面的条件。

1. 应当具备取得法人资格的基本条件。《旅行社条例》第六条规定，申请经营国内旅游业务和入境旅游业务的，应当取得企业法人资格。按照《民法典》第五十八条第二款之规定，法人应当有自己的名称、组织机构、住所、财产或者经

费。其中，按照《旅行社条例》规定，申请设立旅行社，注册资本不少于30万元。

2. 有固定的经营场所。按照《旅行社条例实施细则》规定，对旅行社的经营场所要求：（1）申请者拥有产权的营业用房，或者申请者租用的、租期不少于1年的营业用房；（2）营业用房应当满足申请者业务经营的需要。

3. 有必要的营业设施。旅行社的营业设施至少满足以下要求：（1）有2部以上的直线固定电话；（2）有传真机、复印机；（3）具备与旅游行政管理部门及其他旅游经营者联网条件的计算机。

4. 有必要的经营管理人员和导游。旅行社提供的是一种专业服务，因此，应该保证旅行社具有必要的专业人员和管理人员，这也是保障旅行社服务质量的基本条件。

5. 取得旅游主管部门的许可。按照《旅游法》《旅行社条例》等规定，我国对经营旅行社业务实行许可制。因此，申请设立旅行社在具备前述条件以及法律、行政法规规定的其他条件基础上，还需取得旅游主管部门的许可。

6. 依法办理工商登记。办理工商登记是最终取得法人资格的必备条件。按照《中华人民共和国市场主体登记管理条例》（2022）规定，办理登记方能取得营业许可。未经登记，不得以市场主体名义从事经营活动。

此外，如若旅行社申请经营出境旅游业务，还需满足旅行社取得经营许可满两年，且未因侵害旅游者合法权益受到行政机关罚款以上处罚的条件。

（二）旅行社业务许可的审批流程

1. 提出申请。申请经营国内旅游业务和入境旅游业务的，应当向所在地省、自治区、直辖市旅游行政管理部门或者其委托的设区、市级旅游行政管理部门提出申请。同时申请人要提交下列材料：（1）设立申请书。内容包括申请设立的旅行社的中英文名称及英文缩写、设立地址、企业运营形式、出资人、出资额和出资方式，申请人、受理申请部门的全称、申请书名称和申请的时间；（2）法定代表人履历表及身份证明；（3）企业章程；（4）经营场所的证明；（5）营业设施、设备的证明或者说明等。

申请经营出境旅游业务的,应当向国务院旅游行政主管部门或者其委托的省、自治区、直辖市旅游行政管理部门提出申请。申请人除提交上述材料外,还要提交经营旅行社业务满两年,且连续两年未因侵害旅游者合法权益受到行政机关罚款以上处罚的承诺书。

2. 审核批准。申请经营国内旅游业务和入境旅游业务的,受理申请的旅游行政管理部门应当自受理申请之日起20个工作日内做出许可或者不予许可的决定。予以许可的,向申请人颁发旅行社业务经营许可证;不予许可的,书面通知申请人并说明理由。申请经营出境旅游业务的,受理申请的旅游行政管理部门应当自受理申请之日起20个工作日内做出许可或者不予许可的决定。予以许可的,向申请人换发旅行社业务经营许可证;不予许可的,书面通知申请人并说明理由。

受理申请的旅游行政管理部门在审批前可以对申请人的经营场所、营业设施、设备进行现场检查,或者委托下级旅游行政管理部门检查。

二、设立旅行社分社和旅行社服务网点

(一)设立旅行社分社

旅行社设立分社的,应当向分社所在地的工商行政管理部门办理设立登记,并自设立登记之日起3个工作日内向分社所在地的旅游行政管理部门备案。受理备案的旅游行政管理部门应当向旅行社颁发《旅行社分社备案登记证明》。

旅行社分社的设立不受地域限制。分社的经营范围不得超出设立分社的旅行社的经营范围。分社的经营场所、营业设施、设备,应当符合《旅行社实施细则》第六条、第七条规定的要求。并且,分社的名称中应当包含设立社名称、分社所在地地名和"分社"或者"分公司"字样。

(二)设立旅行社服务网点

旅行社服务网点是指旅行社设立的,为旅行社招徕旅游者并以旅行社的名义与旅游者签订旅游合同的门市部等机构。旅行社服务网点不具有法人资格,以设

立服务网点的旅行社的名义从事《条例》规定的经营活动，其经营活动的责任和后果，由设立社承担。其中，服务网点的名称、标牌应当包括设立社名称、服务网点所在地地名等，不得含有使消费者误解为是旅行社或者分社的内容，也不得使用使消费者误解的简称。服务网点应当在设立社的经营范围内招徕旅游者、提供旅游咨询服务。

设立社可以在其所在地的省、自治区、直辖市行政区划内设立服务网点。设立社在其所在地的省、自治区、直辖市行政区划外设立分社的，可以在该分社所在地设区的市的行政区划内设立服务网点。分社不得设立服务网点。

设立社向服务网点所在地工商行政管理部门办理服务网点设立登记后，应当在3个工作日内，持下列文件向服务网点所在地与工商登记同级的旅游行政管理部门备案：（一）服务网点的《营业执照》；（二）服务网点经理的履历表和身份证明。没有同级的旅游行政管理部门的，向上一级旅游行政管理部门备案。服务网点备案后，受理备案的旅游行政管理部门应当向旅行社颁发《旅行社服务网点备案登记证明》。

三、外商投资旅行社的设立

外商投资旅行社包括中外合资经营旅行社、中外合作经营旅行社和外资旅行社。

外商投资企业申请经营旅行社业务，应当向所在地省、自治区、直辖市旅游行政管理部门提出申请，并提交规定的相关证明文件。省、自治区、直辖市旅游行政管理部门应当自受理申请之日起30个工作日内审查完毕。予以许可的，颁发旅行社业务经营许可证；不予许可的，书面通知申请人并说明理由。

设立外商投资旅行社，还应当遵守有关外商投资的法律、法规。

外商投资旅行社不得经营中国内地居民出国旅游业务以及赴香港特别行政区、澳门特别行政区和台湾地区旅游的业务，但是国务院决定或者我国签署的自由贸易协定和内地与香港、澳门关于建立更紧密经贸关系的安排另有规定的除外。

除上述规定之外，外商投资旅行社适用《旅行社条例》有关规定。

四、违反旅行社设立规定的法律责任

针对未取得相应的旅行社业务经营许可，经营国内旅游业务、入境旅游业务、出境旅游业务的；分社超出设立分社的旅行社的经营范围经营旅游业务的；旅行社服务网点从事招徕、咨询以外的旅行社业务经营活动的，这三种情形，《旅行社条例》第四十六条规定，由旅游行政管理部门或者工商行政管理部门责令其改正，没收违法所得。违法所得10万元以上的，并处违法所得1倍以上5倍以下的罚款；违法所得不足10万元或者没有违法所得的，并处10万元以上50万元以下的罚款。

第三节 旅行社管理制度

一、旅行社业务经营许可证管理

旅行社业务实施许可制意味着经营旅游业务需要具备相应的资质，因此，对旅行社业务经营许可证制定相应的管理措施是必要的。

（一）许可证的悬挂要求

旅行社及其分社、服务网点，应当将旅行社业务经营许可证、旅行社分社备案登记证明或旅行社服务网点备案登记证明，与营业执照一起悬挂在经营场所的醒目位置。旅行社以互联网形式经营旅行社业务的，按照《中华人民共和国电子商务法》第十五条之规定，经营在线旅游业务的经营者应当在其首页显著位置，持续公示营业执照信息、与其经营业务有关的行政许可信息，前述信息发生变更的，经营者应当及时更新公示信息。

（二）许可证的换发和补发

旅行社业务经营许可证及副本损毁或者遗失的，旅行社应当向原许可的旅游行政管理部门申请换发或者补发。申请补发旅行社业务经营许可证及副本的，旅行社应当通过本省、自治区、直辖市范围内公开发行的报刊，或者省级以上旅游行政管理部门网站，刊登证照损毁或者遗失作废声明。

（三）许可证使用禁止

《旅游法》第三十条规定，旅行社不得出租、出借旅行社业务经营许可证，或者以其他形式非法转让旅行社业务经营许可证。

旅行社的下列行为属于出租、出借或非法转让旅行社业务经营许可证的行为：（1）除招徕旅游者和旅行社需要将在旅游目的地接待旅游者的业务做出委托的情形外，准许或者默许其他企业、团体或者个人，以自己的名义从事旅行社业务经营活动的；（2）准许其他企业、团体或者个人，以部门或者个人承包、挂靠的形式经营旅行社业务的。

旅行社违反规定出租、出借旅行社业务经营许可证，或者以其他方式非法转让旅行社业务经营许可证的，由旅游主管部门或者市场监督管理部门责令停业整顿、没收违法所得，并处一万元以上十万元以下罚款；违法所得十万元以上的，并处违法所得一倍以上五倍以下罚款，对有关责任人员，处二千元以上二万元以下罚款。情节严重的，吊销旅行社业务经营许可证；对直接负责的主管人员，处二千元以上二万元以下罚款。受到吊销旅行社业务经营许可证处罚的旅行社的有关管理人员，自处罚之日起未逾三年的，不得重新申请从事旅行社业务。

受让或者租借旅行社业务经营许可证的，由旅游行政管理部门责令停止非法经营，没收违法所得，并处10万元以上50万元以下的罚款。

二、旅游服务质量保证金管理

旅游服务质量保证金是指由旅行社缴纳，旅游行政管理部门管理，用于保障旅游者权益的专用款项。早在1995年，国家旅游局就颁布了《旅行社质量保证金暂行规定》和《旅行社质量保证金暂行规定实施细则》，对质量保证金的缴纳、退还、管理、理赔、监督等做出了具体规定。《旅行社管理条例》《旅行社条例》中也对质量保证金的缴纳、使用等进行了规定。《旅游法》不再称质量保证金，而是改称旅游服务质量保证金。设立质量保证金制度的目的在于保护旅游者权益。《旅游法》第三十一条规定，旅行社应当按照规定交纳旅游服务质量保证金，用于旅游者权益损害赔偿和垫付旅游者人身安全遇有危险时紧急救助的费用。

（一）旅游服务质量保证金的缴存

1.缴存金额。经营国内旅游业务和入境旅游业务的旅行社，应当存入质量保证金20万元；经营出境旅游业务的旅行社，应当增存质量保证金120万元。旅行社每设立一个经营国内旅游业务和入境旅游业务的分社，应当向其质量保证金账户增存5万元；每设立一个经营出境旅游业务的分社，应当向其质量保证金账户增存30万元。此外，《旅行社条例》增加了旅行社在缴纳保证金之外银行担保这一新的方式，规定旅行社可以向做出许可的旅游行政管理部门提交依法取得的担保额度不低于相应质量保证金数额的银行担保。

2.时限要求。旅行社应当自取得旅行社业务经营许可证之日起3个工作日内，在国务院旅游行政主管部门指定的银行开设质量保证金账户，存入质量保证金，或者向做出许可的旅游行政管理部门，提交依法取得的担保额度不低于相应质量保证金数额的银行担保证明。

需要注意的是，按照《旅行社条例》规定，缴纳旅游服务质量保证金已不再作为取得旅行社业务经营许可证的必要条件。按照《旅行社条例》第四十八条规定，旅行社未在规定期限内向其质量保证金账户存入、增存、补足质量保证金或者提交相应的银行担保的，旅游行政管理部门可以责令改正，拒不改正的，吊销旅行社业务经营许可证。

（二）旅游服务质量保证金的减少、补缴、取回、暂退和缓缴

1.减少。旅行社自交纳或者补足质量保证金之日起三年内未因侵害旅游者合法权益受到行政机关罚款以上处罚的，旅游行政管理部门应当将旅行社质量保证金的交存数额降低50%，并向社会公告。旅行社可凭省、自治区、直辖市旅游行政管理部门出具的凭证减少其质量保证金。

2. 补缴。旅行社在旅游行政管理部门使用质量保证金赔偿旅游者的损失，或者依法减少质量保证金后，因侵害旅游者合法权益受到行政机关罚款以上处罚的，应当在收到旅游行政管理部门补交质量保证金的通知之日起5个工作日内补足质量保证金。

3. 取回。旅行社不再从事旅游业务的，凭旅游行政管理部门出具的凭证，向银行取回质量保证金。

4. 暂退和缓缴。暂退或缓缴保证金是国家应对突发事件，支持旅游业发展采取的灵活政策。为贯彻落实党中央、国务院决策部署，做好"六稳"工作、落实"六保"任务，进一步用好旅游服务质量保证金政策，支持旅行社行业纾困发展，2020以来，文旅部先后发布《关于暂退部分旅游服务质量保证金支持旅行社应对经营困难的通知》（2020）《关于用好旅游服务质量保证金政策进一步支持旅行社恢复发展的通知》（2021）《关于进一步调整暂退旅游服务质量保证金相关政策的通知》（2022）。按照《关于暂退部分旅游服务质量保证金支持旅行社应对经营困难的通知》精神，领取旅行社业务经营许可证的旅行社，可暂退现有交纳数额80%的质量保证金（被法院冻结的保证金不在暂退范围之内），接受暂退保证金的各旅行社应在2022年2月5日前将本次暂退的保证金如数交还。《关于用好旅游服务质量保证金政策进一步支持旅行社恢复发展的通知》将补足保证金期限延至2022年12月31日。《关于进一步调整暂退旅游服务质量保证金相关政策的通知》进一步放宽要求，规定享受暂退保证金政策的旅行社，可申请将暂退比例提高至100%，补足保证金期限延至2023年3月31日。同时规定，2022年4月12日（含当日）以后取得旅行社业务经营许可证的旅行社，可申请暂缓交纳保证金，补足保证金期限为2023年3月31日。

（三）旅游服务质量保证金的使用

根据《旅行社条例》规定，有下列情形之一的，旅游行政管理部门可以使用旅行社的质量保证金。

1. 旅行社违反旅游合同约定，侵害旅游者合法权益，经旅游行政管理部门查证属实的；

2. 旅行社因解散、破产或者其他原因造成旅游者预交旅游费用损失的。

人民法院判决、裁定及其他生效法律文书认定旅行社损害旅游者合法权益，旅行社拒绝或者无力赔偿的，人民法院可以从旅行社的质量保证金账户上划拨赔偿款。

此外，值得注意的是，《旅游法》第三十一条增加了垫付旅游者人身安全遇有危险时紧急救助费用这一选项。

从上述规定可以看出，有权使用旅游服务质量保证金的只能是旅游行政管理部门或人民法院。从旅游服务质量保证金设置的目的来看，旅游服务质量保证金主要在旅行社无力或拒绝赔偿时使用，以保障旅游者获得赔偿。从这点出发，人民法院对旅游服务质量保证金的使用权限无疑更符合这一主旨。相对而言，旅行社违反旅游合同约定，侵害旅游者合法权益，经旅游行政管理部门查证属实即可动用质量保证金似乎不够严谨。此种情形之下，如若旅行社已无力赔偿或拒绝赔偿再动用质量保证金似乎更为合适。至于垫付旅游者人身安全遇有危险时紧急救助的费用，虽然出发点也是为了保障旅游者能够得到及时的救助，但与旅游服务质量保证金由旅行社缴纳，以约束旅行社进而保护旅游者权益似有一定偏差。如若旅游者所遇危险并非旅行社过错，此种情形下使用旅行社缴纳的旅游服务质量保证金易受质疑。国家可考虑建立专门的旅游安全救助基金等方法来解决此种情形下救助费用支出的问题。

三、旅行社责任保险管理

旅行社责任保险，是指以旅行社因其组织的旅游活动对旅游者和受其委派并为旅游者提供服务的导游或者领队人员依法应当承担的赔偿责任为保险标的的保险。

《旅行社条例》规定，旅行社应当投保旅行社责任险。旅行社责任险的具体实施方案，由国务院旅游行政主管部门会同国务院保险监督管理机构另行制定。为落实这一要求，2010年，国家旅游局、中国保险监督管理委员会审议通过《旅行社责任保险管理办法》，办法自2011年2月1日起施行。《旅游法》中也明确要求，国家根据旅游活动的风险程度，对旅行社、住宿、旅游交通以及高风险旅游项目经营者实施责任保险制度。

（一）旅行社责任保险的保险责任

按照《旅行社责任保险管理办法》规定，旅行社责任保险的保险责任，应当包括旅行社在组织旅游活动中对旅游者的人身伤亡、财产损失依法承担的赔偿责任和依法对受旅行社委派并为旅游者提供服务的导游或者领队人员的人身伤亡承担的赔偿责任。

具体包括下列情形：

1. 因旅行社疏忽或过失应当承担赔偿责任的；
2. 因发生意外事故旅行社应当承担赔偿责任的；
3. 国家旅游局会同中国保险监督管理委员会（以下简称中国保监会）规定的其他情形。

（二）旅行社责任保险的保险期限和投保方式

旅行社责任保险的保险期间为1年。旅行社应当在保险合同期满前及时续保。旅行社投保旅行社责任保险，可以依法自主投保，也可以组织统一投保。

（三）旅行社责任保险的责任限额

保险责任限额，是指根据责任限制制度所确定的责任人对于有关责任的最高赔偿额。保险责任限额一般在旅行社投保旅行社责任保险时，在与保险公司依法订立的旅行社责任保险书面合同中约定。

按照《旅行社责任保险管理办法》规定，责任限额可以根据旅行社业务经营范围、经营规模、风险管控能力、当地经济社会发展水平和旅行社自身需要，由旅行社与保险公司协商确定，但每人人身伤亡责任限额不得低于20万元人民币。

（四）旅行社责任保险的赔偿

旅行社责任保险的理赔一般按照下述流程：

1. 通知。旅行社组织的旅游活动中发生保险事故，旅行社或者受害的旅游者、导游、领队人员应当及时通知保险公司。保险公司应当及时告知具体的赔偿程序等有关事项。

2. 提交材料。通知保险公司后，旅行社应当向保险公司提供其所能提供的与确认保险事故的性质、原因、损失程度等有关的证明和资料。保险公司按照保险合同的约定，认为有关的证明和资料不完整的，应当及时一次性通知旅行社补充提供。

3. 审核材料。保险公司收到赔偿保险金的请求和相关证明、资料后，应当及时做出核定；情形复杂的，应当在30日内做出核定，但合同另有约定的除外。保险公司应当将核定结果通知旅行社以及受害的旅游者、导游、领队人员。

4. 理赔。旅行社对旅游者、导游或者领队人员应负的赔偿责任确定的，根据旅行社的请求，保险公司应当直接向受害的旅游者、导游或者领队人员赔偿保险金。旅行社怠于请求的，受害的旅游者、导游或者领队人员有权就其应获赔偿部分直接向保险公司请求赔偿保险金。对属于保险责任的，保险公司在与旅行社达成赔偿保险金的协议后10日内，履行赔偿保险金义务。

此外，为保障及时抢救受害者，《旅行社责任保险管理办法》还规定，因抢救受伤人员需要保险公司先行赔偿保险金用于支付抢救费用的，保险公司在接到旅行社或者受害的旅游者、导游、领队人员通知后，经核对属于保险责任的，可以在责任限额内先向医疗机构支付必要的费用。

如果是因第三者损害而造成保险事故的，保险公司自直接赔偿保险金或者先行支付抢救费用之日起，在赔偿、支付金额范围内代位取得对第三者请求赔偿的权利。旅行社以及受害的旅游者、导游或者领队人员应当向保险公司提供必要的文件和所知道的有关情况。

四、旅行社监督检查

（一）监督检查主体

县级以上人民政府旅游主管部门和有关部门依照《旅游法》和有关法律、法规的规定，在各自职责范围内对旅游市场实施监督管理。县级以上人民政府应当组织旅游主管部门、有关主管部门和市场监督管理、交通等执法部门对相关旅游经营行为实施监督检查。

其中，县级以上人民政府旅游主管部门主要对经营旅行社业务是否取得经营、执业许可以及旅行社的经营行为进行检查。

（二）监督检查的形式

旅游主管部门实施监督检查，可以对涉嫌违法的合同、票据、账簿以及其他资料进行查阅、复制。旅行社及其分社应当接受旅游行政管理部门对其旅游合同、服务质量、旅游安全、财务账簿等情况的监督检查，并按照国家有关规定向旅游行政管理部门报送经营和财务信息等统计资料。对依法实施的监督检查，有关单位和个人应当配合，如实说明情况并提供文件、资料，不得拒绝、阻碍和隐瞒。

《旅游法》还要求，县级以上地方人民政府建立旅游违法行为查处信息的共享机制，对需要跨部门、跨地区联合查处的违法行为，应当进行督办。

旅游、工商、价格等行政管理部门应当及时向社会公告监督检查的情况。公告的内容包括旅行社业务经营许可证的颁发、变更、吊销、注销情况，旅行社的违法经营行为以及旅行社的诚信记录、旅游者投诉信息等。

（三）监督检查规范

旅游主管部门和有关部门依法实施监督检查，其监督检查人员不得少于二人，并应当出示合法证件。监督检查人员少于二人或者未出示合法证件的，被检查单位和个人有权拒绝。

监督检查人员对在监督检查中知悉的被检查单位的商业秘密和个人信息应当依法保密。

有关部门工作人员不得接受旅行社的任何馈赠，不得参加由旅行社支付费用的购物活动或者游览项目，不得通过旅行社为自己、亲友或者其他个人、组织牟取私利。

第四节　旅行社经营管理制度

旅行社作为提供专业旅游服务的市场主体之一，应当遵循依法经营、诚信经营、公平合理等基本原则，不得违反《反垄断法》《反不正当竞争法》《消费者权益保护法》等相关法律法规的规定，实施垄断、损害消费者权益、实施不正当竞争等。《旅游法》《旅行社条例》等旅游法规对旅行社的经营行为也有具体的规定。本部分，我们主要介绍《旅游法》《旅行社条例》等的相关规定。

一、提供真实可靠的服务信息

旅行社为招徕、组织旅游者发布信息必须真实、准确，不得进行虚假宣传，误导旅游者。旅游者可以向旅行社了解旅行社的基本信息。

订立包价旅游合同时，旅行社应当向旅游者详细说明旅游行程安排、旅游团成团的最低人数，交通、住宿、餐饮等旅游服务的安排和标准，游览、娱乐等项目的具体内容和时间，自由活动时间安排，旅游费用及其交纳的期限和方式，违约责任和解决纠纷的方式等事项。

二、禁止安排违反我国法律、法规和社会公德的项目或者活动

旅行社及其从业人员组织、接待旅游者，不得安排参观或者参与违反我国法律、法规和社会公德的项目或者活动。譬如：含有损害国家利益和民族尊严内容的；含有民族、种族、宗教歧视内容的；含有淫秽、赌博、涉毒内容的；其他违反法律、法规和社会公德的项目或者活动。

三、向合格的供应商订购产品和服务

旅行社提供的旅游服务主要是旅游计划的制定和组织旅游计划的实施。旅游

涉及"吃、住、行、游、购、娱"等多个方面，这些服务一般由履行辅助人提供，但是旅行社负有谨慎选择履行辅助人之义务。《旅游法》第三十四条规定，旅行社组织旅游活动，应当向合格的供应商订购产品和服务。这也是保障旅游者权益的必要举措。

四、杜绝不合理低价游

长期以来，旅行社通过低于成本的价格招徕旅游者，并通过安排购物或者另行付费旅游项目获取回扣以赚取利润的现象屡见不鲜。这种现象不仅严重损害了旅游者的权益，也严重扰乱了旅游市场秩序。《旅行社条例》要求，旅行社不得要求导游人员和领队人员接待不支付接待和服务费用或者支付的费用低于接待和服务成本的旅游团队。《旅游法》明确规定，旅行社不得以不合理的低价诱骗旅游者参加旅游活动，也不得通过安排购物或者另行付费旅游项目，以获取不正当利益。

五、不得擅自指定具体购物场所和安排另行付费旅游项目

旅行社擅自指定具体购物场所和安排另行付费旅游项目一般以赚取更多利润为目的。旅行社的这种行为与前述不合理低价揽团出游有着密切的联系。一般而言，不合理低价揽团出游，旅行社有强烈的动机，指定具体购物场所和安排另行付费旅游项目。不然，旅行社难以赚取利润，甚至还要亏本，这不是旅行社所希望看到的结果。因此，《旅游法》第三十五条第二款规定，旅行社组织、接待旅游者，不得指定具体购物场所，不得安排另行付费旅游项目。除非是经双方协商一致或者旅游者要求，且不影响其他旅游者的行程安排。

需要指出的是，旅行社擅自指定具体购物场所和安排另行付费旅游项目虽是不合理低价游的结果，但并不意味着非不合理低价游就不会存在这种情况。即便是以合理的价格组团出游，这种情形也有可能出现。《旅游法》将不合理低价游与旅行社擅自指定具体购物场所和安排另行付费旅游项目放在同一条表述，容易

让人理解为旅行社擅自指定具体购物场所和安排另行付费旅游项目只是不合理低价游的必然结果。针对旅行社擅自指定具体购物场所和安排另行付费旅游项目单独列一条表述似乎更为合适。

六、出入境旅游安排领队或者导游全程陪同

出入境旅游不同于国内游，旅游者对目的地情况不熟悉，并且往往语言不通。此种情形下，从保护旅游者权益、保证旅游服务质量的角度来说，安排领队或导游全程陪同是必选项，是旅行社应当履行的法定义务。《旅游法》第三十六条规定，旅行社组织团队出境旅游或者组织、接待团队入境旅游，应当按照规定安排领队或者导游全程陪同。

七、依法签订并忠实履行旅游服务合同

旅游服务合同是约定旅行社和旅游者之间权利义务的协议，是旅行社组织旅游和旅游者享受旅游服务的依据。旅行社组织和安排旅游活动，应当与旅游者订立合同。包价旅游合同应当采用书面形式。旅行社应当按照包价旅游合同的约定履行义务，不得擅自变更旅游行程安排。

八、保障导游的合法权益

在市场竞争日益激烈的情况下，旅行社有时将风险转嫁到导游身上，要求导游和领队承担接待旅游团队的相关费用，导游再通过安排购物或另行付费项目来冲销成本、获取报酬。这种现象不仅严重侵害了导游和领队的利益，而且也在一定程度上导致了擅自安排购物或另行付费项目行为的发生，严重扰乱了旅游市场秩序。2009年《旅行社条例》中要求，不得要求导游和领队承担接待旅游团队的相关费用。《旅游法》进一步完善了相关规定，要求旅行社应当与其聘用的导游依法订立劳动合同，支付劳动报酬，缴纳社会保险费用。旅行社临时聘用导游为旅游者提供服务的，应当全额向导游支付规定的导游服务费用。

旅行社安排导游为团队旅游提供服务的，不得要求导游垫付或者向导游收取任何费用，包括要求导游垫付旅游接待费用、为接待旅游团队向旅行社支付费用以及其他不合理费用。

课程思政点

1. 诚信。诚信自古是中国商人经商倡导的基本准则，也是为人处世的基本原则。作为市场经营主体，《旅游法》等法律法规也要求旅行社提供真实可靠的服务信息、忠实履行旅游服务合同义务。而且，从《旅游法》等法律法规的规定来看，诚信原则要落实到市场经营主体的各个环节。因此，诚信经营是为人为商的必要条件。

2. 公平。公平是契约精神的应有之义。不合理低价游实际上是对契约精神的背离。从长远看，不仅损害旅游者的权益，也会损害旅行社的长远利益。因此，践行公平精神才是经营长久之道。

拓展与深化题

1. 从《旅行社管理暂行条例》到《旅行社管理条例》再到《旅行社条例》，我国关于旅行社设立和业务许可的条件均有调整。请你归纳这些调整主要体现在哪些方面，有什么特点？并思考为什么会做出这样的调整。

2. 要求旅行社缴纳旅游服务质量保证金的主要目的在于保障旅游者权益。从实践来看，这一制度的建立的确加强了旅游者权益的保障。但是我们也看到，在提供专业服务的其他行业，法律法规等并未规定经营者需要缴纳服务质量保证金。那么，请你思考为什么旅游业需要建立旅游服务质量保证金制度，它背后的逻辑关系是什么？

3. 在信息、交通日益便利的今天，愈来愈多的游客采取自由行形式出游，旅行社的组团游面临着巨大的挑战。2022年《"十四五"旅游业发展规划》提出，支持旅行社向"专业化、特色化、创新型"方向发展，实现旅行社经营向现代、集约、高效转变。你认为旅行社向"专业化、特色化、创新型"方向发展，旅游政策法规应该如何跟进，从而促进旅游业更好发展？

第三章 导游管理政策法规

学习目标：

1. 了解导游的概念、分类；
2. 了解我国导游管理政策法规的基本情况；
3. 了解导游执业所需具备的条件；
4. 了解导游执业中应当遵循的行为规范；
5. 了解国家对导游职业及导游群体的保障措施。

导游从事的服务是一种专业服务。导游人员是为旅游者提供向导、讲解及相关旅游服务的人员。一般而言，在跟团游中，导游的角色必不可少，导游的服务质量很大程度决定了旅游服务质量。因此，在旅游业的发展过程中，导游既是参与者、从业者，同时也是旅游业发展的贡献者。为了保障导游的服务质量，我国不仅建立了导游人员的执业许可制度，同时也对导游人员的行为进行了规范。此外，国家也比较重视导游的执业保障，出台了相应的措施。这些都是本章要学习的内容。

第一节　导游及导游管理政策法规概述

一、导游的概念及分类

（一）导游的概念

依照《导游人员管理条例》的规定，导游人员是指取得导游证，接受旅行社委派，为旅游者提供向导、讲解及相关旅游服务的人员。导游作为旅行社委派人员，这里的"相关旅游服务"主要取决于旅行社与旅游者签订的旅游服务合同。

（二）导游的分类

1. 按业务范围划分。

（1）海外领队。海外领队是指经国家旅游行政主管部门批准可以经营出境旅游业务的旅行社委派，全权代表该旅行社带领旅游团从事出境旅游活动的工作人员。

（2）全程陪同导游人员（简称全陪）。全陪是指受组团旅行社委派，作为组团社的代表，在领队和地方陪同导游人员的配合下实施接待计划，为旅游团（者）提供全程陪同服务的工作人员。这里的组团旅行社是指接受旅游团（者）或海外旅行社预订，制定和下达接待计划，并可提供全程陪同导游服务的旅行社。这里的领队是指受旅行社委派，全权代表该旅行社带领旅游团从事旅游活动的工作人员。

（3）地方陪同导游人员（简称地陪）。地陪是指受接待旅行社委派，代表接待社实施接待计划，为旅游团（者）提供当地旅游活动安排、讲解、翻译等服务的工作人员。这里的接待旅行社是指接受组团社的委托，按照接待计划委派地方陪同导游人员负责组织安排旅游团（者）在当地参观游览等活动的旅行社。

（4）景点景区导游人员，亦称讲解员。是指在旅游景区景点，如博物馆、自然保护区等，为游客进行导游讲解的工作人员。

2. 按导游使用的语言划分。

（1）中文导游人员。是指能够使用普通话、方言或者少数民族语言，从事导游业务的人员。这类导游人员的主要服务对象是国内旅游中的中国公民和入境旅游中的港、澳、台同胞。

（2）外语导游人员。是指能够运用外语从事导游业务的人员。这类导游人员的主要服务对象是入境旅游的外国游客和出境旅游的中国公民。

3. 按技术等级划分

按照国家旅游局2005年制定的《导游人员等级考核评定管理办法（试行）》规定，导游人员等级分为初级、中级、高级、特级四个等级。导游员申报等级时，由低到高，逐级递升，经考核评定合格者，颁发相应的导游员等级证书。

导游人员等级考核评定工作，按照"申请、受理、考核评定、告知、发证"的程序进行。中级导游员的考核采取笔试方式。其中，中文导游人员考试科目为"导游知识专题"和"汉语言文学知识"；外语导游人员考试科目为"导游知识专题"和"外语"。高级导游员的考核采取笔试方式，考试科目为"导游案例分析"和"导游词创作"。特级导游员的考核采取论文答辩方式。

参加省部级以上单位组织的导游技能大赛获得最佳名次的导游人员，报全国导游人员等级考核评定委员会批准后，可晋升一级导游人员等级。一人多次获奖只能晋升一次，晋升的最高等级为高级。

4. 按隶属关系划分

（1）旅行社合同导游。旅行社合同导游是指通过与旅行社签订劳动合同取得导游证的导游。这类导游一定时期内以导游工作为其主要职业，一般为旅行社的正式职员，旅行社应为其支付工资等劳动报酬，缴纳社会保险费用。这类导游是当前我国导游队伍的主体。

（2）旅游行业组织注册导游。《旅游法》第三十七条规定，参加导游资格考试成绩合格，与旅行社订立劳动合同或者在相关旅游行业组织注册的人员，可以申请取得导游证。旅游行业组织注册导游是指在旅游行业组织注册并申请取得导游证的导游。这里的旅游行业组织，按照2018年《导游管理办法》规定，是指依照《社会团体登记管理条例》成立的导游协会，以及在旅游协会、旅行社协会等旅游行业社会团体内设立的导游分会或者导游工作部门，具体由所在地旅游主管部门确定。

二、导游管理政策法规概述

我国旅游业发展以来，国家先后出台了一系列的政策法规，导游管理制度化、规范化水平不断提升。早期出台的相关政策法规包括《旅行社管理暂行条例》（1985）《导游人员管理暂行规定》（1987）《关于对导游人员实行合同管理的通知》（1989）等。1989年，全国实行统一的导游资格证考试制度，规范了导游准入制度，对导游队伍素质的整体提升具有重要意义。此后导游人员管理的政策法规日趋完善。《导游员执业等级标准》《导游服务质量》《导游服务规范》等相继发布。1999年，国务院印发《导游人员管理条例》并于当年10月1日起施行（根据2017年10月7日《国务院关于修改部分行政法规的决定》修订），实行12年的《导游人员管理暂行规定》废止。该条例以规范导游活动、保障旅游者和导游人员的合法权益、促进旅游业的健康发展为目的，对导游人员的准入、导游人员的执业规范以及相关法律责任等进行了规范。截至目前，仍然是我国专门针对导游人员管理的唯一一部行政法规。

2013年出台的《旅游法》，明确了导游和领队的执业资格、从业行为规范、权益保障等，弥补了导游管理法律效力位阶偏低的缺陷。

随着自由行游客占比的提升，导游服务的模式也亟须转变。根据国家旅游局数据，2015年上半年中国国内游和出境游中分别有超过九成和接近七成的比例是自由行游客。在此背景下，2016年全国旅游工作会议提出，要改革导游管理体制，取消"导游必须经旅行社委派"的规定。同年5月，国家旅游局印发《关于开展导游自由执业试点工作的通知》，正式在全国九省市进行导游自由执业的试点，试点地区的导游不必挂靠旅行社，而能以个体形式提供导游服务。按照国家旅游局的定义，导游自由执业是指符合规定条件的导游员，向通过网络平台或旅游集散中心、旅游咨询中心、A级景区游客服务中心等机构预约其服务的消费者提供单项讲解或向导服务,并通过第三方支付平台收取导游服务费的执业方式。导游自由执业试点之后,自由行游客可以在不跟团旅游的情况下获得导游的相关服务。

为落实《中共中央关于全面深化改革若干重大问题的决定》《中共中央关于深化人才发展体制机制改革的意见》,顺应我国旅游业从景点旅游向全域旅游转变,迎接正在兴起的大众旅游时代,建立法治化、市场化的导游管理体制,2016年8月,国家旅游局下发了《关于深化导游体制改革加强导游队伍建设的意见》。该意见明确了导游体制改革和导游队伍建设的方向、思路、重点任务、重大举措,涉及导游职业进出、监管、保障、奖惩、自律等方面,意见具有宏观性、战略性、指导性,是深化旅游供给侧改革的重大举措,将对我国导游管理及队伍建设产生深远影响,值得持续关注。

2017年,为进一步规范和细化导游执业许可和执业管理制度,积极推进导游执业保障激励制度,国家旅游局印发《导游管理办法》(2018年1月1日起施行)。自此,对于导游管理,我国构建了从法律(旅游法)到行政法规《导游人员管理条例》到部门规章《导游管理办法》的制度体系,导游管理的政策法规趋于成熟。

《"十四五"旅游业发展规划》也对导游队伍的建设与管理提出目标规划指出,要切实加强导游队伍建设和管理,制定专项行动方案,优化导游职业资格准入管理,健全全国导游资格考试管理制度。统筹推进导游等级考评机制改革,探索构建导游服务综合评价体系,开展导游执业改革试点,拓宽导游执业渠道。未来,导游队伍的管理体制改革有望进一步深化,管理机制也有望得到优化。

第二节　导游执业许可政策法规

为保证旅游服务质量,国家对导游执业实施许可制度。《导游人员管理条例》第四条规定,在中华人民共和国境内从事导游活动,必须取得导游证。《旅游法》第四十条规定,导游和领队为旅游者提供服务必须接受旅行社委派,不得私自承揽导游和领队业务(导游自由执业仍然只是试点)。从上述《旅游法》《导游人员管理条例》的规定不难看出，导游执业必须满足两个方面的条件：一是取得导游证；二是接受旅行社的委派。值得注意的是，2018年1月1日起施行的《导游管理办法》第十九条规定，导游为旅游者提供服务应当接受旅行社委派，但另有规定的除外。该条规定与以往的规定不同之处是增加了"但另有规定的除外"，为后续落实《关于深化导游体制改革加强导游队伍建设的意见》精神，进行导游管理体制改革留出了空间。

一、取得导游证的基本条件

《旅游法》第三十七条规定，参加导游资格考试成绩合格，与旅行社订立劳动合同或者在相关旅游行业组织注册的人员，可以申请取得导游证。因此，取得导游证的前提是参加导游资格考试成绩合格，其次是与旅行社订立劳动合同或在相关旅游行业组织注册。

（一）导游资格考试

1. 报考条件。具有高级中学、中等专业学校或者以上学历，身体健康，具有适应导游需要的基本知识和语言表达能力的中华人民共和国公民，可以参加导游人员资格考试。

香港、澳门永久性居民中具有中国公民身份的港澳居民及台湾地区居民也可报名参加全国导游资格考试，但必须按要求提供相应的证件和证明。

2. 考试科目与内容。考试科目为"政策法规""导游业务""全国导游基础知识""地方导游基础知识""导游服务能力"五科。

科目一："政策法规"，考试内容为党和国家的大政方针，旅游业发展方针政策及相关的法律法规，导游人员应该具备的法律、法规知识。

科目二："导游业务"，考试内容为导游人员职业道德规范，导游人员素质要求和行为规范，导游服务程序和内容及相关知识在导游服务中的应用。

科目三："全国导游基础知识"，考试内容为全国旅游行业通识知识。

科目四："地方导游基础知识"，考试内容为地方旅游知识。

科目五:"导游服务能力",考试内容为景点讲解、导游规范、应变能力和综合知识。外语类考生须用所报考语种的语言进行本科目考试并进行口译测试。

其中,科目一、二合并为1份试卷进行测试,科目三、四合并为1份试卷进行测试。每份试卷满分100分,考试时间均为90分钟。科目五为现场考试(面试)。已经取得"导游资格证书",需转换其他语种的考生仅须参加现场考试(面试)。

香港、澳门永久性居民中具有中国公民身份的港澳居民、台湾地区居民参加全国导游资格考试,考试科目与内容遵照上述规定。

3.证书。对考试合格的考生,文化和旅游部委托省级文化和旅游行政部门核发"导游资格证书"。

(二)与旅行社订立劳动合同或者在相关旅游行业组织注册

1.与旅行社订立劳动合同。《导游管理办法》第九条规定,导游通过与旅行社订立劳动合同取得导游证的,劳动合同的期限应当在1个月以上。

2.在相关旅游行业组织注册。旅游行业组织,是指依照《社会团体登记管理条例》成立的导游协会,以及在旅游协会、旅行社协会等旅游行业社会团体内设立的导游分会或者导游工作部门,具体由所在地旅游主管部门确定。

在旅游行业组织注册并申请取得导游证的人员,应当向所在地旅游行业组织提交下列材料:(1)身份证;(2)导游人员资格证;(3)本人近期照片;(4)注册申请。

旅游行业组织在接受申请人取得导游证的注册时,不得收取注册费;旅游行业组织收取会员会费的,应当符合《社会团体登记条例》等法律法规的规定,不得以导游证注册费的名义收取会费。

二、导游证的申领及管理

(一)导游证申领及审核

1.申请取得导游证,申请人应当通过全国旅游监管服务信息系统填写申请信息,并提交下列申请材料:

（1）身份证的扫描件或者数码照片等电子版；

（2）未患有传染性疾病的承诺；

（3）无过失犯罪以外的犯罪记录的承诺；

（4）与经常执业地区的旅行社订立劳动合同或者在经常执业地区的旅游行业组织注册的确认信息。

前款第（4）项规定的信息，旅行社或者旅游行业组织应当自申请人提交申请之日起5个工作日内确认。

2. 审核。所在地旅游主管部门对申请人提出的取得导游证的申请，应当依法出具受理或者不予受理的书面凭证。需补正相关材料的，应当自收到申请材料之日起5个工作日内一次性告知申请人需要补正的全部内容；逾期不告知的，收到材料之日起即为受理。

所在地旅游主管部门应当自受理申请之日起10个工作日内，做出准予核发或者不予核发导游证的决定。不予核发的，应当书面告知申请人理由。

3. 不予核发的情形。具有下列情形的，不予核发导游证：

（1）无民事行为能力或者限制民事行为能力的。无民事行为能力人只能由其法定代理人代理实施民事法律行为。《民法典》规定，不满八周岁的未成年人，不能辨认自己行为的成年人及八周岁以上的不能辨认自己行为的未成年人无民事行为能力。八周岁以上的未成年人为限制民事行为能力人，实施民事法律行为由其法定代理人代理或者经其法定代理人同意、追认，但是，可以独立实施纯获利益的民事法律行为或者与其年龄、智力相适应的民事法律行为。不能完全辨认自己行为的成年人为限制民事行为能力人，实施民事法律行为由其法定代理人代理或者经其法定代理人同意、追认，但是，可以独立实施纯获利益的民事法律行为或者与其智力、精神健康状况相适应的民事法律行为。

（2）患有甲类、乙类以及其他可能危害旅游者人身健康安全的传染性疾病的。根据《中华人民共和国传染病防治法》的规定，甲类传染病共计2种，包括鼠疫和霍乱。乙类传染病共计26种，包括艾滋病、病毒性肝炎、淋病、肺结核等。

（3）受过刑事处罚的，过失犯罪的除外。犯罪可分为故意犯罪和过失犯罪。

过失犯罪在主观恶意上相较故意犯罪小，所以对于受过过失犯罪处罚的，满足条件也可以核发导游证。

（4）被吊销导游证之日起未逾3年的。《旅游法》第一百零三条明确规定，违反本法规定被吊销导游证的导游、领队和受到吊销旅行社业务经营许可证处罚的旅行社的有关管理人员，自处罚之日起未逾三年的，不得重新申请导游证或者从事旅行社业务。

导游证的有效期为3年。导游需要在导游证有效期限届满后继续执业的，应当在有效期限届满前3个月内，通过全国旅游监管服务信息系统向所在地旅游主管部门提出申请，并提交未患有传染性疾病的承诺，无过失犯罪以外的犯罪记录的承诺，与经常执业地区的旅行社订立劳动合同或者在经常执业地区的旅游行业组织注册的确认信息等材料。

（二）导游证信息变更

遇有下列情形，导游应当自下列情形发生之日起10个工作日内，通过全国旅游监管服务信息系统提交相应材料，申请变更导游证信息：

1. 姓名、身份证号、导游等级和语种等信息发生变化的；

2. 与旅行社订立的劳动合同解除、终止或者在旅游行业组织取消注册后，在3个月内与其他旅行社订立劳动合同或者在其他旅游行业组织注册的；

3. 经常执业地区发生变化的；

4. 其他导游身份信息发生变化的。

旅行社或者旅游行业组织应当自收到申请之日起3个工作日内对信息变更情况进行核实。所在地旅游主管部门应当自旅行社或者旅游行业组织核实信息之日起5个工作日内予以审核确认。

（三）导游证撤销

有下列情形之一的，所在地旅游主管部门应当撤销导游证：

1. 对不具备申请资格或者不符合法定条件的申请人核发导游证的；

2. 申请人以欺骗、贿赂等不正当手段取得导游证的；

3. 依法可以撤销导游证的其他情形。

（四）导游证注销

有下列情形之一的，所在地旅游主管部门应当注销导游证：

1. 导游死亡的；

2. 导游证有效期届满未申请换发导游证的；

3. 导游证依法被撤销、吊销的；

4. 导游与旅行社订立的劳动合同解除、终止或者在旅游行业组织取消注册后，超过3个月未与其他旅行社订立劳动合同或者未在其他旅游行业组织注册的；

5. 取得导游证后变成无民事行为能力或者限制民事行为能力，患有甲类、乙类以及其他可能危害旅游者人身健康安全的传染性疾病，以及因故意犯罪受到刑事处罚等情形的；

6. 依法应当注销导游证的其他情形。

导游证被注销后，导游符合法定执业条件需要继续执业的，应当依法重新申请取得导游证。

三、从事领队业务的基本要求

（一）领队

领队是指接受具有出境旅游业务经营权的旅行社委派，协助旅游者办理出入境手续，协调、监督境外地接社及从业人员履行合同，维护旅游者的合法权益等的工作人员。

（二）从事领队业务的条件

《旅游法》第三十九条规定，从事领队业务，应当取得导游证，具有相应的学历、语言能力和旅游从业经历，并与委派其从事领队业务的取得出境旅游业务经营许可的旅行社订立劳动合同。2016年修订的《旅行社条例实施细则》对上

述要求进行了具体明确,该条例第三十一条规定,旅行社为组织旅游者出境旅游委派的领队,应当具备下列条件:

1. 取得导游证;

2. 具有大专以上学历;

3. 取得相关语言水平测试等级证书或通过外语语种导游资格考试,但为赴港澳台地区旅游委派的领队除外;

4. 具有2年以上旅行社业务经营、管理或者导游等相关从业经历;

5. 与委派其从事领队业务的取得出境旅游业务经营许可的旅行社订立劳动合同。

此外,赴台旅游领队还应当符合《大陆居民赴台湾地区旅游管理办法》规定的要求,主要是需经省级旅游主管部门培训,并由国家旅游局指定。

(三)从事领队业务的注意事项

1. 领队从事领队业务,应当接受与其订立劳动合同的取得出境旅游业务许可的旅行社委派,并携带导游证、佩戴导游身份标识。

2. 不具备领队条件的,不得从事领队业务。领队不得委托他人代为提供领队服务。

3. 被旅行社委派的领队,应当掌握相关旅游目的地国家(地区)语言或者英语。

第三节　导游执业管理政策法规

导游在执业过程中应当携带电子导游证、佩戴导游身份标识,并开启导游执业相关应用软件。《旅游法》《导游人员管理条例》《导游管理办法》等对导游的具体职责及行为规范也提出了明确的要求。

一、导游的职责

按照《旅游法》《导游人员管理条例》《导游管理办法》等相关法规规定,导游应履行以下职责:

（一）自觉维护国家利益和民族尊严；

（二）遵守职业道德，维护职业形象，文明诚信服务；

（三）按照旅游合同提供导游服务，讲解自然和人文资源知识、风俗习惯、宗教禁忌、法律法规和有关注意事项；

（四）尊重旅游者的人格尊严、宗教信仰、民族风俗和生活习惯；

（五）向旅游者告知和解释文明行为规范、不文明行为可能产生的后果，引导旅游者健康、文明旅游，劝阻旅游者违反法律法规、社会公德、文明礼仪规范的行为；

（六）对可能危及旅游者人身、财产安全的事项，向旅游者做出真实的说明和明确的警示，并采取防止危害发生的必要措施。

（七）遇到旅游突发事件，及时向本单位负责人或相关主管部门报告，同时救助或者协助救助受困旅游者，并根据旅行社、旅游主管部门及有关机构的要求，采取调整或者中止行程、停止带团前往风险区域、撤离风险区域等避险措施。

二、导游的行为禁忌

导游在执业过程中不得有下列行为：

（一）安排旅游者参观或者参与涉及色情、赌博、毒品等违反我国法律法规和社会公德的项目或者活动。迎合个别旅游者的低级趣味，在讲解、介绍中掺杂庸俗下流的内容；

（二）擅自变更旅游行程或者拒绝履行旅游合同；

（三）擅自安排购物活动或者另行付费旅游项目；

（四）以隐瞒事实、提供虚假情况等方式，诱骗旅游者违背自己的真实意愿，参加购物活动或者另行付费旅游项目；

（五）以殴打、弃置、限制活动自由、恐吓、侮辱、咒骂等方式，强迫或者变相强迫旅游者参加购物活动、另行付费等消费项目；

（六）获取购物场所、另行付费旅游项目等相关经营者以回扣、佣金、人头费或者奖励费等名义给予的不正当利益；

（七）推荐或者安排不合格的经营场所；

（八）向旅游者兜售物品；

（九）向旅游者索取小费；

（十）未经旅行社同意委托他人代为提供导游服务；

（十一）法律法规规定的其他行为。

第四节　导游执业保障与激励政策法规

一、受到尊重和保障安全

导游有权拒绝旅行社和旅游者提出的侮辱其人格尊严的要求、违反其职业道德的要求、不符合我国民族风俗习惯的要求、可能危害其人身安全的要求，以及其他违反法律、法规和规章规定的要求。

此外，为保证导游安全，旅行社应当提供设置"导游专座"的旅游客运车辆，避免在高速公路或者危险路段站立讲解。并且，旅游客运车辆上安排的旅游者与导游总人数不得超过旅游客运车辆核定乘员数。

二、劳动权利得到保障

导游与旅行社订立劳动合同，双方即建立起劳动关系，导游应享受《劳动法》《劳动合同法》等相关法律法规规定的相关权利。

《导游管理办法》中也明确提出，旅行社应当与通过其取得导游证的导游订立不少于1个月期限的劳动合同，并支付基本工资、带团补贴等劳动报酬，缴纳社会保险费用。对于旅行社临时聘用在旅游行业组织注册的导游为旅游者提供服务的，应当依照旅游和劳动相关法律、法规的规定足额支付导游服务费用；旅行社临时聘用的导游与其他单位不具有劳动关系或者人事关系的，旅行社应当与其订立劳动合同。此外，旅行社等用人单位还应当为导游提供必要的职业安全卫生条件，并为女性导游提供执业便利、实行特殊劳动保护。

三、受到公正评价

《导游管理办法》提出要对导游进行导游服务星级评价。导游服务星级评价是对导游服务水平的综合评价，星级评价指标由技能水平、学习培训经历、从业年限、奖惩情况、执业经历和社会评价等构成。导游服务星级根据星级评价指标通过全国旅游监管服务信息系统自动生成，并根据导游执业情况每年度更新一次。

旅游主管部门、旅游行业组织和旅行社等单位应当通过全国旅游监管服务信息系统，及时、真实地备注各自获取的导游奖惩情况等信息。

四、参加执业培训

旅游主管部门应当积极组织开展导游培训，培训内容应当包括政策法规、安全生产、突发事件应对和文明服务等，培训方式可以包括培训班、专题讲座和网络在线培训等，每年累计培训时间不得少于24小时，并且不得向参加培训的导游人员收取费用。

此外，旅游行业组织和旅行社应当对导游进行包括安全生产、岗位技能、文明服务和文明引导等内容的岗前培训和执业培训。

《"十四五"旅游业发展规划》提出，要着力提升导游服务质量，实施导游专业素养研培计划和"金牌导游"培养项目，建设"导游云课堂"线上培训平台等。

课程思政点

1. 爱国。导游提供讲解服务不仅要向游客介绍景点的特征，同时也要传播好中国文化。导游的讲解应该弘扬正气，体现社会主义核心价值观。尤其是在接待境外游客的过程中，不能为了迎合境外游客丧失应有的政治立场。《导游管理条例》中也将"自觉维护国家利益和民族尊严"作为导游的职责之一。

2. 敬业。导游是一个提供专业服务的职业，导游的服务质量很大程度上决定了旅游服务质量。一方面，国家对导游执业实施许可制、等级制等，都体现了国家对于导游素质和服务质量的重视；另一方面，《旅游法》《导游人员管理条例》《导游管理办法》等旅游法规对导游执业提出了明确的规范要求，规定了导游禁止从事的行为并规定了相应的处罚措施。作为导游应该遵守法律法规，强化职业道德，提升业务素质，规范执业行为，爱岗敬业，只有这样才能在服务游客的过程中成就自己，为旅游业的发展做出积极贡献。

拓展与深化题

1. 导游管理体制改革一个引人注目的焦点就是试行"导游自由执业"，目前也已经在我国部分地区进行试点。那么，推行导游自由执业改革的主要原因是什么？如果今后导游自由执业正式全面推行，从规范自由执业行为、保护旅游者权益、维护旅游市场秩序的角度，你认为旅游政策法规应该做出哪些要求？

2. 职责的意思是职务上应尽的责任，义务是义务人为满足权利人的利益而发生一定行为或不发生一定行为的必要性，义务具有强制性。相比较于义务，职责更加强调的是"应为"，而义务则不仅包含"应为"，也包含"禁为"。譬如，导游的职责是按照旅行社的委派为旅游者提供旅游服务。相关旅游法规将"尊重旅游者的人格尊严、宗教信仰、民族风俗和生活习惯"作为导游的职责之一。按照上述对职责和义务的理解，你认为这一规定是否恰当？你会如何界定导游的职责？

3. 相关旅游法规将"自觉维护国家利益和民族尊严"作为导游的职责之一。请问做出这一要求背后的逻辑是什么？导游在执业过程中应该怎样做才能更好地维护国家利益和民族尊严？

第四章　旅游消费者权益保护与义务法律制度

学习目标：

❶ 了解旅游消费者权益保护中的相关概念；

❷ 了解旅游消费者享有的相关权益；

❸ 了解法律法规规定的旅游消费者义务；

❹ 了解旅游经营者和旅游消费者发生纠纷后的解决途径。

对消费者权益给予保护是世界通行的做法。旅游消费者也是消费者群体中的一类，他们所消费的是旅游经营者所提供的商品以及服务，同样应该享受到相关法律法规对消费者权益的保护。当然，在享受权益保护的同时，从保障公共利益、他人利益以及旅游资源的角度出发，旅游消费者在消费的过程中也应该履行相应的义务。

第一节　旅游消费者权益保护概述

一、相关概念

（一）消费者

从直接的语义来看，消费者是指购买商品或服务是为了消费，而不是出于转售或其他商业目的人或组织。从主体来看，购买商品或服务的既可以是组织，也可以是个人。从购买的目的来看，既可能是为了生活，譬如为自己购买衣服；也可能是为了生产，譬如为企业购买生产的原材料。

（二）《消费者权益保护法》下的消费者

消费者从经营者处购买商品或服务，从民事角度来看，消费者和经营者是买卖关系，双方的权利义务主要由买卖合同约定，双方是平等的，应当平等对待。但值得注意的是，在流通领域，个体消费者和商家往往信息不对称，在信息科技高度发达的现代社会尤其明显，这使得经营者利用优势通过损害消费者权益来获益的可能性大大增加。这种情况很早就被关注到，人们逐渐意识到，对于个体消费者应该考虑给予相对倾斜的保护，以保障实质上经营者与消费者之间的平等。1962年3月15日，美国时任总统约翰·肯尼迪在美国国会发表总统特别咨文，首次提出了安全、了解、选择和意见被听取等4大消费者基本权利。后来尼克松又提出了消费者索赔的权利。1968年，日本通过《保护消费者基本法》，成为最早针对消费者保护立法的国家。我国在1993年10月31日，由第八届全国人民代表大会常务委员会第四次会议通过《中华人民共和国消费者权益保护法》（2009年8月27日第一次修正，2013年10月25日第二次修正）。实际上大多数国家都专门建立了针对消费者保护的法律。

基于上述保护消费者的逻辑，国际组织和各国立法对消费者的保护主要立足于个体消费者，主要针对个体消费者为了生活需要的消费行为。譬如，国际标准化组织（ISO）给消费者下的定义是：以个人消费为目的而购买或使用商品或服务的个体社会成员。俄罗斯联邦《消费者权利保护法》将"消费者"定义为"使用、取得、定作或者具有取得或定作商品（工作、劳务）的意图以供个人生活需要的公民"。我国消费者权益保护法也遵循这样的原则，《中华人民共和国消费者权益保护法》第二条规定，消费者为了生活消费需要购买、使用商品或者接受服务，其权益受本法保护；本法未作规定的，受其他有关法律、法规保护。尽管此处并未明确指出消费者应是个体社会成员，但从立法精神和后续的司法实践来看，此处的"消费者"就是指个体消费者。

综上所述，消费者权益保护法下的消费者可以界定为：为了满足生活消费需要而购买、使用商品或接受商品服务的个人。这一界定与广义的消费者概念明显不同。从主体看，广义的消费者主体既可以是组织也可以是个人，消费者权益保护法下的消费者只包含个人。广义的消费者既可以消费生活资料，也可以消费生产资料。消费者权益保护法下的消费者只是为了生活需要而消费。[①]

本章所探讨的旅游消费者权益保护仅以在消费者权益保护法下的消费者为对象。

（三）旅游消费者

从旅游的形态来看，旅游者是旅游商品和旅游服务的消费者，旅游消费是一种典型的生活消费，并且消费者是个人。因此，比照前述关于消费者的定义，我们可以将旅游消费者界定为：通过购买旅游商品，接受旅游服务，从而满足其旅游需求的个人。

《旅游法》专门设"旅游者"一章（第二章），但是旅游法并未对旅游者进行界定。该章主要就旅游者的权利和义务进行了规定。但是，该章规定的旅游者权利与消费者权益保护法规定的消费者权利原则上是一致的。可见该法律也主要着眼于对个体消费者的保护。

无论如何，旅游消费者也是消费者，并且实质上旅游消费主要是个人，因此从消费者权益保护法下的消费者角度来探讨权益保护是必要的。

（四）消费者权利

消费者权利是指消费者在消费领域中所具有的权利，即在法律的保障下，消费者有权做出一定的行为或者要求他人做出一定的行为，也可有权不做出一定行为或者要求他人不做出一定行为。它是消费者利益在法律上的体现。

1993年通过的《中华人民共和国消费者权益保护法》规定了消费者有以下

[①] 我国消费者权益保护法有一特例，为更好保护相对更为弱势的农民的权益，其第六十二条规定，农民购买、使用直接用于农业生产的生产资料，参照本法执行。

九项权利。

1. 安全权。消费者在购买、使用商品和接受服务时享有人身财产安全不受损害的权利。

2. 知情权。消费者享有知悉购买、使用的商品或者接受的服务的真实情况的权利。

3. 选择权。消费者享有自主选择商品或者服务的权利。

4. 公平交易权。消费者在购买商品或者接受服务时，有权得到质量保障、价格合理、计量正确等公平交易条件，有权拒绝经营者的强制交易行为。

5. 求偿权。消费者因购买、使用商品或者接受服务受到人身、财产损害时，享有依法获得赔偿的权利。

6. 结社权。消费者享有依法成立维护自身合法权益的社会团体的权利。

7. 获取知识权。消费者享有获得有关消费和消费者权益保护方面的知识的权利。

8. 受尊重权。消费者在购买、使用商品和接受服务时，享有人格尊严、民族风俗习惯得到尊重的权利。

9. 监督权。消费者享有对商品和服务以及保护消费者权益工作进行监督的权利。有权检举、控告侵害消费者权益的行为和国家机关及其工作人员在保护消费者利益工作中的违法失职行为，有权对保护消费者权益工作提出批评、建议。

2013年消费者权益保护法修订后，对消费者新增了非现场购物的7天无理由退货权、个人信息受保护权等权利。

《旅游法》第九条到第十二条重申了旅游者的选择权、知情权、受尊重权、求偿权，并且明确了旅游者在人身、财产安全遇有危险时，有请求救助和保护的权利。残疾人、老年人、未成年人等旅游者在旅游活动中享有依照法律、法规和有关规定获得便利和优惠的权利。

二、旅游消费者权益保护的相关法律法规

旅游消费者也是消费者，因此《消费者权益保护法》同样适用旅游消费者。如上所述，《旅游法》第二章也专门规定了旅游消费者在旅游消费过程中的权利

和义务。此外，《旅行社条例》《导游管理办法》等法规也为旅游消费者的权益保护提供了依据。

第二节　旅游消费者的权利

如上所述，《消费者权益保护法》《旅游法》等都规定了旅游消费者的权利。出于篇幅和必要性的考虑，本书只选择其中几项做重点介绍。

一、安全权

安全权是旅游消费者的首要权益。保障旅游消费者的安全是开展旅游活动的前提。旅游消费者的安全权具体包括接受具有安全保障的商品和服务的权利、危险情形下得到救助的权利以及受到损害后得到赔偿的权利。

（一）接受具有安全保障的商品和服务的权利

消费者在购买、使用商品和接受服务时，享有人身、财产安全的权利。《旅游法》规定，旅游经营者应当保证其提供的商品和服务符合保障人身、财产安全的要求。旅游经营者取得相关质量标准等级资质的，其设施和服务不得低于相应标准；未取得质量标准等级资质的，不得使用相关质量等级的称谓和标识。旅行社组织旅游活动应当向合格的供应商订购产品和服务。此外，就安全说明和警示，《旅游法》进一步具体规定，旅游经营者应当就旅游活动中的下列事项，以明示的方式事先向旅游者做出说明或者警示：（1）正确使用相关设施、设备的方法；（2）必要的安全防范和应急措施；（3）未向旅游者开放的经营、服务场所和设施、设备；（4）不适宜参加相关活动的群体；（5）可能危及旅游者人身、财产安全的其他情形。

（二）危险情形下的得到救助的权利

根据《旅游法》第十二条规定，旅游消费者在人身、财产安全遇有危险时，有请求救助和保护的权利。旅游消费者既可以向当地政府请求救助，也可以向相关机构请求及时救助。其中，出境旅游者在境外陷于困境时，有权请求我国驻当地机构在其职责范围内给予协助和保护。旅游经营者则应当立即采取必要的救助和处置措施，依法履行报告义务，并对旅游者做出妥善安排。

（三）受到损害后得到赔偿的权利

《旅游法》规定，旅游者人身、财产受到侵害的，有依法获得赔偿的权利。值得注意的是，《旅游法》在旅游者受到损害的情形下，关于责任承担主体提及以下几种情形。

第一，旅游者因地接社、履行辅助人的原因造成人身损害。《旅游法》第七十一条规定，由于地接社、履行辅助人的原因造成旅游者人身损害、财产损失的，旅游者可以要求地接社、履行辅助人承担赔偿责任，也可以要求组团社承担赔偿责任；组团社承担责任后可以向地接社、履行辅助人追偿。但是，由于公共交通经营者的原因造成旅游者人身损害、财产损失的，由公共交通经营者依法承担赔偿责任，旅行社应当协助旅游者向公共交通经营者索赔。①

第二，旅游者自行安排活动期间受到损害。《旅游法》第七十条第三款规定，在旅游者自行安排活动期间，旅行社未尽到安全提示、救助义务的，应当对旅游者的人身损害、财产损失承担相应责任。一般来说，行为人对于危险的认识、控制及危险的可识别性、危害程度、实现方式、发生频率等特征影响着注意义务的

---

① 从该条规定的设置来看，《旅游法》也把公共交通经营者作为履行辅助人之一。有学者提出，这里的排除或许是考虑到旅行社对公共交通经营者干涉之不可能，但同时也指出，即使认为旅游经营者对于公共交通工具没有选择余地，那么按照同样的逻辑，旅游经营者对于固定线路上的代表性旅游景点也同样无选择余地。例如，故宫、八达岭长城作为北京旅游线路中的代表性景点，旅游经营者必然会提供游览这些景点的旅游产品，且此种景点与公共交通工具在开放性上极为类似，面对不特定社会公众开放，旅游经营者也可能无法选择与干涉。仅排除公共交通运营者，而不排除此类景区经营者，似有"相似事物不予相同处理"之法理。周晓晨.论旅游服务提供者在包价旅游合同中的法律地位及责任 [J].旅游学刊，2013，28（07）：48—56.

有无及轻重。旅行社对于旅游目的地的自然、社会环境熟悉，对发生事故与风险的预测能力以及因旅游活动的高风险性导致旅游者遭受各种伤害的可能性应该有认识。基于旅游者对旅行社的信赖，旅行社尽到安全提示和救助义务也可理解。但是，值得注意的是，这里表述的是相应的责任。我们认为，从旅行社承担责任的逻辑来看，相应的责任应取决于旅行社识别风险的能力和救助的能力。如果有明显、易于识别的危险而未尽提示义务的责任相对重些；相反，对于可识别但识别难度较大的危险而未尽提示义务的，责任相对轻些。如果是救助，则应考虑旅行社或其委派人员的救助能力，有救助能力而不施救或不全力施救的则在考虑责任的时候可以相应重些，这样也有利于督促旅行社在此种情形下尽到自己的能力从而减轻旅游者的受损。当然，这里的责任是建立在旅行社或其委派人员可预见或可救助的基础之上，如果旅行社或其委派人员本身无法预见或无力救助，不应苛求旅行社或其委派人员承担责任，否则亦有违公平之法理。

第三，因转让经营造成旅游者人身损害的。景区、住宿经营者将其经营项目或者场地交由他人经营相关业务的，景区、住宿经营者对他人的经营仍然负有监管责任。《旅游法》第五十四条规定，景区、住宿经营者将其部分经营项目或者场地交由他人从事住宿、餐饮、购物、游览、娱乐、旅游交通等经营的，应当对实际经营者的经营行为给旅游者造成的损害承担连带责任。

第四，惩罚性赔偿。为督促旅行社严格履行旅游服务合同，旅游法对旅行社肆意"甩团"这样的恶劣行为规定了相应的惩罚性赔偿责任。《旅游法》规定，旅行社具备履行条件，经旅游者要求仍拒绝履行合同，造成旅游者人身损害、滞留等严重后果的，旅行社除应当依法承担赔偿责任外，旅游者还可以要求旅行社支付旅游费用一倍以上三倍以下的赔偿金。

二、知情权

知情权，也称知悉真情权，是指消费者享有的知悉其购买、使用的商品和服务的真实情况的权利。《消费者权益保护法》规定，消费者有权根据商品或者服务的不同情况，要求经营者提供商品的价格、产地、产商、用途、性能、规格、等级、主要成分、生产日期、有效期限、检验合格证明、使用方法说明书、售后服务及服务的内容、规格、费用等有关情况。《旅游法》第九条规定，旅游者有权知悉其购买的旅游产品和服务的真实情况。

　　值得注意的是，随着科技信息快速发展，人们的消费习惯和消费模式已经发生了巨大改变，这种改变给消费者知悉真情权带来了前所未有的挑战，权利保障尤为重要。在网络交易的模式下，经营者发布的信息是否真实可信，从很大程度上增加了保护消费者信息获取权的难度，也凸显了信息时代消费者知悉真情权得到保护的迫切性。在线旅游服务当下已成为大家喜欢并乐于接受的形式，旅游者通过平台购买旅游商品或服务已成常态。《电子商务法》第十七条规定，电子商务经营者应当全面、真实、准确、及时地披露商品或者服务信息，保障消费者的知情权和选择权；电子商务经营者不得以虚构交易、编造用户评价等方式进行虚假或者引人误解的商业宣传，欺骗、误导消费者。《旅游法》第四十八条规定，通过网络经营旅行社业务的，应当依法取得旅行社业务经营许可，并在其网站主页的显著位置标明其业务经营许可证信息。发布旅游经营信息的网站，应当保证其信息真实、准确。文化和旅游部2020年颁布实施的《在线旅游经营服务管理暂行规定》要求，在线旅游经营者应当提供真实、准确的旅游服务信息，不得进行虚假宣传；未取得质量标准、信用等级的，不得使用相关称谓和标识。平台经营者应当以显著方式区分标记自营业务和平台内其他经营者开展的业务。在线旅游经营者为旅游者提供交通、住宿、游览等预订服务的，应当建立公开、透明、可查询的预订渠道，促成相关预订服务依约履行。此外，针对信任评价对网上消费的重要性，为了保证消费者通过评价更好地了解旅游商品和服务的情况，上述规定中还要求，在线旅游经营者应当保障旅游者的正当评价权，不得擅自屏蔽、删除旅游者对其产品和服务的评价，不得误导、引诱、替代或者强制旅游者做出评价，对旅游者做出的评价应当保存并向社会公开。在线旅游经营者删除法律、法规禁止发布或者传输的评价信息的，应当在后台记录和保存。

（一）知情权的内容

从消费者权益保护法、旅游法的规定可以看到，消费者的知情权所包含的内容不仅包括提供商品或服务主体的相关信息、商品或服务的基本信息，还包括消费者对商品或服务的评价。对于旅游消费而言也是如此。譬如，《旅游法》第六十条规定，旅行社委托其他旅行社代理销售包价旅游产品并与旅游者订立包价旅游合同的，应当在包价旅游合同中载明委托社和代理社的基本信息。旅行社依照本法规定将包价旅游合同中的接待业务委托给地接社履行的，应当在包价旅游合同中载明地接社的基本信息。此外，旅游法还要求旅行社在订立旅游服务合同时，向旅游者详细说明旅游行程安排，旅游团成团的最低人数，交通、住宿、餐饮等旅游服务安排和标准，游览、娱乐等项目的具体内容和时间，自由活动时间安排，旅游费用及其交纳的期限和方式，违约责任和解决纠纷的方式等事项。

（二）知情权的义务主体

知情权的义务主体首先是经营者，因为消费者所需知情的信息都与经营者相关，在旅游消费中就是旅游经营者。《消费者权益保护法》第二十条规定，经营者向消费者提供有关商品或者服务的质量、性能、用途、有效期限等信息，应当真实、全面，不得作虚假或者引人误解的宣传。经营者对消费者就其提供的商品或者服务的质量和使用方法等问题提出的询问，应当做出真实、明确的答复。

值得注意的是，在产品或服务的宣传过程中，不只是产品或服务的经营者，广告经营者、发布者、社会团体或者其他组织、个人等如果参与宣传，也应该保证信息的真实，严禁进行虚假宣传。此种情形之下，这些宣传参与者也是知情权的义务主体。

（三）侵犯知情权的法律责任

经营者进行虚假宣传，误导消费者，不仅扰乱了市场的正常秩序，同时也会损害消费者的权益。因此，经营者不仅要承担行政责任，还可能要承担民事责任。《消费者权益保护法》第五十五条规定，经营者提供商品或者服务有欺诈行为的，应当按照消费者的要求增加赔偿其受到的损失，增加赔偿的金额为消费者购买商品的价款或者接受服务的费用的三倍；增加赔偿的金额不足五百元的，为五百元。法律另有规定的，依照其规定。此外，针对其他主体参与虚假宣传，《消费者权益保护法》《广告法》等也规定了相应的法律责任。譬如，《广告法》规定，广告经营者、发布者设计、制作、发布关系消费者生命健康商品或者服务的虚假广告，造成消费者损害的，应当与提供该商品或者服务的经营者承担连带责任。社会团体或者其他组织、个人在关系消费者生命健康商品或者服务的虚假广告或者其他虚假宣传中向消费者推荐商品或者服务，造成消费者损害的，应当与提供该商品或者服务的经营者承担连带责任。其他商品或者服务的虚假广告，造成消费者损害的，其广告经营者、广告发布者、广告代言人，明知或者应知广告虚假仍设计、制作、代理、发布或者作推荐、证明的，应当与广告主承担连带责任。

三、自主选择权

自主选择是市场经济条件下消费者的当然权利。消费者和经营者之间形成的买卖契约理应遵守自愿、公平等基本原则，任何的强买或强卖都是对市场规则的背离。

我国《消费者权益保护法》第九条规定，消费者享有自主选择商品或者服务的权利。消费者有权自主选择提供商品或者服务的经营者，自主选择商品品种或者服务方式，自主决定购买或者不购买任何一种商品、接受或者不接受任何一项服务。消费者在自主选择商品或者服务时，有权进行比较、鉴别和挑选。

《旅游法》第九条第一款规定，旅游者有权自主选择旅游产品和服务，有权拒绝旅游经营者的强制交易行为。与自主选择相反的是强迫选择或强迫交易。所谓强迫，一般语义解释为施加压力使服从；迫使，是建立在自己意志的情况下来迫使别人服从。强迫的行为违背了他人本来的意愿，既干预了他人的意志，也背离了公平原则。从强迫的方式来看，比照《刑法》第二百二十六条关于强迫交易罪的界定来看，强迫的方式包含暴力、威胁等手段。所谓暴力，是指对被强迫人的人身或财产实施强制或打击，如殴打、捆绑、抱住、围困、伤害或者砸毁其财物等。所谓威胁，是指对被害人实际精神强制，以加害其人身、毁坏其财物、揭露其隐私、破坏其名誉、加害其亲属等相要挟。其方式则可以是言语，也可以是动作，甚至利用某种特定的危险环境进行胁迫。

从我国旅游市场的情况来看，长期以来，旅游经营者利用强迫的方式迫使旅游者购物从而赚取回扣或分红等情形屡见不鲜，成为旅游市场的一大乱象。针对这一问题，除前述《旅游法》第九条明确旅游者有权拒绝旅游经营者的强制交易行为，《旅游法》第四十一条第二款还对导游行为的行为进行了明确规定，要求导游和领队应当严格执行旅游行程安排，不得擅自变更旅游行程或者中止服务活动，不得向旅游者索取小费，不得诱导、欺骗、强迫或者变相强迫旅游者购物或者参加另行付费旅游项目。可见，保护旅游者消费自主选择权的法律规定已日益完善。相关主体实施强迫交易行为不仅可能因违反《消费者权益保护法》《旅游法》的规定承担行政责任，还有可能触犯刑法，构成强迫交易罪，受到刑事处罚。

四、公平交易权

公平应该是交易的基本准则，是交易的底线。保障消费者获得公平交易权是保护消费者权益的基本要求。《消费者权益保护法》第十条规定，消费者享有公平交易的权利。消费者在购买商品或者接受服务时，有权获得质量保障、价格合理、计量正确等公平交易条件。2013年《消费者权益保护法》修订后，第十六条新增第三款规定，禁止经营者设定不公平、不合理的交易条件，禁止经营者强制交易。第二十六条第二款规定，在过去禁止经营者以格式条款等方式做出对消费者不公平、不合理规定的基础上，进一步明确禁止经营者利用格式条款并借助技术手段强制交易。

针对在线旅游经营中出现的新型侵犯消费者公平交易权行为的问题，《在线旅游经营服务管理暂行规定》第十五条做出规定，要求在线旅游经营者不得滥用大数据分析等技术手段，基于旅游者消费记录、旅游偏好等设置不公平的交易条件，侵犯旅游者合法权益，即所谓的"大数据杀熟"。

五、受尊重权

受尊重权是消费者在保障人身权利方面的一项重要权利，是宪法基本原则的具体体现。《消费者权益保护法》第十四条规定："消费者在购买商品或接受服务时，享有其人格尊严、民族风俗和习惯受到尊重的权利"。

人格尊严作为消费者的基本权利，是指消费者的姓名权、名誉权、荣誉权、肖像权、人身自由权等受到尊重，不受非法侵害，任何人不得妨碍消费者的人身自由。我国是一个多民族国家，每个民族都有自己的服装饮食、居住礼节等生活习俗，消费者的民族风俗习惯要得到尊重。

《旅游法》第十条不仅提及了人格尊严、民族风俗习惯，还提到了"宗教信仰"，旅游者的宗教信仰也应当得到尊重。各宗教不论信众多寡、影响大小，在法律面前一律平等。

六、个人信息受保护权

个人信息往往与个人隐私联系在一起。保护个人隐私在社会基本上成为共识，而要实现这一目标，给予个人信息有力的保护无疑是必要的。在信息社会及互联网时代，信息的传播更快、更广，信息的价值也日益突出。在这样的背景下，非法获取信息、利用信息等情形日益频繁，加强个人信息保护的必要性也日益凸显。2013年修订后的《消费者权益保护法》第十四条、第二十九条分别明确了消费者此项权利、经营者相关义务，并在第五十条、第五十六条第一款第（九）项，分别对侵害消费者该项权利的行为明确了民事责任承担方式和行政处罚措施。民法典也专章规定了隐私权与个人信息保护。2021年8月20日第十三届全国人民代表大会常务委员会第三十次会议通过了《中华人民共和国个人信息保护法》并决定自2021年11月1日起施行。

（一）什么是个人信息

2017年6月1日起施行的《最高人民法院 最高人民检察院关于办理侵犯公民个人信息刑事案件适用法律若干问题的解释》指出，个人信息是指以电子或者其他方式记录的，能够单独或者与其他信息结合识别特定自然人身份或者反映特定自然人活动情况的各种信息。《中华人民共和国个人信息保护法》对个人信息的界定也与上述司法解释基本一致。该法第四条规定，个人信息是以电子或者其他方式记录的与已识别或者可识别的自然人有关的各种信息，不包括匿名化处理后的信息。

从上述规定可以看出，所谓的个人信息，首先是与自然人有关的信息；其次，这种信息应能识别特定自然人或与自然人产生关联。换言之，不能识别自然人的信息或无法与自然人建立关联关系的信息并不是法律要保护的信息，因为信息既然无法识别或关联个人，那么也难以对个人的权益造成损害。

（二）消费者个人信息的保护规则

按照《消费者权益保护法》《个人信息保护法》等法律的规定，消费者个人信息的保护应该遵循以下规则：

1.收集、使用消费者个人信息，应当遵循合法、正当、必要、诚信的原则。所谓合法是指应该依据相关法律规定收集和使用个人信息，包括目的合法、方式合法等；所谓正当即收集使用个人信息的手段形式正当；所谓必要是指收集使用个人信息应该具有必要的正当价值；所谓诚信是指是守诺、践约、无欺。譬如，为公共利益实施新闻报道、舆论监督等行为，为应对突发公共卫生事件或者紧急情况下，为保护自然人的生命健康和财产安全等情形。当然，在个人同意的情况下，个人信息可以用于正当的商业目的。《个人信息保护法》第六条规定，处理个人信息应当具有明确、合理的目的，并应当与处理目的直接相关，采取对个人权益影响最小的方式。收集个人信息，应当限于实现处理目的的最小范围，不得过度收集个人信息。

2.履行明示义务。《消费者权益保护法》规定，经营者应明示收集、使用信息的目的、方式和范围。经营者收集、使用消费者个人信息，应当公开其收集、使用规则，不得违反法律、法规的规定和双方的约定收集、使用信息。《个人信息保护法》第七条规定，处理个人信息应当遵循公开、透明原则，公开个人信息处理规则，明示处理的目的、方式和范围。

3. 征得个人同意。按照《个人信息保护法》的规定，除因人事管理、履行法定义务法定职责或为了公共利益等情形，处理个人信息应当取得个人同意。《消费者权益保护法》第二十九条也做出了相应的规定。

4. 保密和维护安全义务。经营者及其工作人员对收集的消费者个人信息必须严格保密，不得泄露、出售或者非法向他人提供。经营者应当采取技术措施和其他必要措施，确保信息安全，防止消费者个人信息泄露、丢失。在发生或者可能发生信息泄露、丢失的情况时，应当立即采取补救措施。

5. 不擅发商业性信息。经营者未经消费者同意或者请求，或者消费者明确表示拒绝的，不得向其发送商业性信息。

第三节　旅游消费者的义务

一、文明旅游

在我国旅游业迅速发展的过程中，国民在旅游中展现出的良好风貌，文明素养、道德水平和社会文明程度不断提升。但一些游客在礼节礼仪、文明卫生等方面损害了中华民族文明、礼仪之邦的大国形象，在国内外造成了不良影响。

文明旅游不仅是个人素质的体现，对于维护旅游秩序、保护旅游资源、展示良好形象等方面具有积极的意义。为了促进文明旅游，早在2006年，中央文明办和国家旅游局专门部署实施"提升中国公民旅游素质行动计划"，并发布了《中国公民出境旅游文明行为指南》和《中国公民国内旅游文明行为公约》。2013年，中央精神文明建设指导委员会发布了《关于进一步加强文明旅游工作的意见》，同年颁布实施的《旅游法》第十三条规定，旅游者在旅游活动中应当遵守社会公共秩序和社会公德，尊重当地的风俗习惯、文化传统和宗教信仰，爱护旅游资源，保护生态环境，遵守旅游文明行为规范。2015年，国家旅游局出台了《关于进一步加强旅游行业文明旅游工作的指导意见》《关于游客不文明行为记录管理暂行办法》。2016年修订了《关于游客不文明行为记录管理暂行办法》，并更名为《关于旅游不文明行为记录管理暂行办法》。办法将下列中国游客在境内外旅游过程中发生的违反境内外法律法规、公序良俗，造成严重社会不良影响的九类行为纳入"旅游不文明行为记录"：（1）扰乱航空器、车船或者其他公共交通工具秩序；（2）破坏公共环境卫生、公共设施；（3）违反旅游目的地社会风俗、民族生活习惯；（4）损毁、破坏旅游目的地文物古迹；（5）参与赌博、色情、涉毒活动；（6）不顾劝阻、警示从事危及自身以及他人人身财产安全的活动；（7）破坏生态环境，违反野生动植物保护规定；（8）违反旅游场所规定，严重扰乱旅游秩序；（9）国务院旅游主管部门认定的造成严重社会不良影响的其他行为。《"十四五"旅游业发展规划》也提出，"推进文明旅游"，"整治旅游中的顽疾陋习，树立文明、健康、绿色旅游新风尚"；尤其是《文明旅游示范单位要求与评价》标准的实施，旅游业逐渐成为我国精神文明建设的窗口。

当前，针对旅游者的文明旅游义务，仍然以倡导、引导为主。值得注意的是，《旅游法》第六十六条规定，旅游者从事违法或者违反社会公德的活动的，从事严重影响其他旅游者权益的活动，且不听劝阻、不能制止的，旅行社可以解除合同。此外，在一些地方性法规中，针对被列入"黑名单"的旅游者也设置了一些惩戒的措施。譬如，按照《北京市公园条例》《北京市文明行为促进条例》规定，列入"黑名单"的旅游者，禁止进入北京市属公园。

二、不损害他人合法权益

《旅游法》第十四条规定，旅游者在旅游活动中或者在解决纠纷时，不得损害当地居民的合法权益，不得干扰他人的旅游活动，不得损害旅游经营者和旅游从业人员的合法权益。

实践中，存在一些旅游者在维护自身权益的过程中采取过激行为从而侵害他人合法权益的情况。譬如，有的旅游者在发生纠纷之后，采取拒绝登车、登船等拖延行程的行为，影响其他旅游者的合法权益；有的旅游者谩骂、殴打导游、领队，损害了旅游从业人员的合法权益。对此，法律规定旅游者应当承担相应的责任。《旅游法》第七十二条规定，旅游者在旅游活动中或者在解决纠纷时，损害旅行社、履行辅助人、旅游从业人员或者其他旅游者的合法权益的，依法承担赔偿责任。

三、遵守安全规定

旅游者的安全既需要旅游经营者、旅游服务者承担相应的义务，同时旅游者也要承担相应的义务。根据《旅游法》的规定，旅游者要履行以下几方面的安全义务。

1. 向旅游经营者如实告知与旅游活动相关的个人健康信息。《最高人民法院关于审理旅游纠纷案件适用法律问题的若干规定》第八条规定，若旅游者未按旅游经营者、旅游辅助服务者的要求提供与旅游活动相关的个人健康信息并履行如实告知义务，或者不听从旅游经营者、旅游辅助服务者的告知、警示，参加不适合自身条件的旅游活动，导致旅游过程中出现人身损害、财产损失，旅游者请求旅游经营者、旅游辅助服务者承担责任的，人民法院不予支持。

我们认为，旅游者告知个人健康信息应注意以下三个方面，一是告知个人健康信息的范围由旅游经营者决定。因为旅游相关健康信息，旅游经营者更为清楚。譬如，国家旅游局2016年颁布的《旅游安全管理办法》第十条明确规定，旅游经营者应当主动询问与旅游活动相关的个人健康信息。二是与旅游无关的个人健康信息，旅游者有权拒绝提供；三是在发生事故造成损害的情形下，未告知的个人健康信息与事故发生有直接因果关系，才能成为旅游经营者无责和减轻责任的抗辩理由。换言之，如果事故发生与个人信息无关，旅游经营者不能以此作为无责或减轻责任的抗辩理由。

2.遵守旅游活动中的安全警示规定。这里的安全警示规定包括安全警示标语、景区的安全须知等等。

3.对国家应对重大突发事件暂时限制旅游活动的措施以及有关部门、机构或者旅游经营者采取的安全防范和应急处置措施，应当予以配合。

旅游者违反安全警示规定，或者对国家应对重大突发事件暂时限制旅游活动的措施、安全防范和应急处置措施不予配合的，依法承担相应责任。

四、遵守出入境管理制度

出入境管理是每个国家维护安全秩序，保障公民权益采取的必要措施，在出入境旅游中，旅游者并不是特例，也应该遵守相关国家出入境管理的规定。我国《旅游法》第十六条规定，出境旅游者不得在境外非法滞留，随团出境的旅游者不得擅自分团、脱团；入境旅游者不得在境内非法滞留，随团入境的旅游者不得擅自分团、脱团。

第四节　旅游纠纷处理

《旅游法》第九十二条规定了解决旅游者与旅游经营者之间发生纠纷的四种途径，即双方协商；向消费者协会、旅游投诉受理机构或者有关调解组织申请调解；根据与旅游经营者达成的协议提请仲裁机构仲裁；向人民法院提起诉讼。

一、协商

双方协商是在自愿平等的基础上，本着解决问题的诚意，双方通过摆事实、讲道理、交换意见、互谅互让从而解决争议的一种方法。这种方法直接、及时、成本低，对双方来说都是有利的。虽然协商的结果无法律上的强制力，但是，承诺做出后一般也会受到道德的约束。一方或双方反悔的，可以通过其他途径另行解决。

　　协商的前提条件必须是自愿的，任何人不能强迫他人进行协商。在旅游领域，由于旅游的异地性特征，对于旅游者而言，比起需要时间长、成本高的解决途径，协商是首选。

二、调解

　　调解是指在有关组织主持下，通过说服、疏导等方法，促使当事人在平等协商基础上自愿达成调解协议，解决民间纠纷的活动。对于旅游纠纷，从《旅游法》第九十二条的规定可以看到，旅游经营者或旅游者在发生旅游纠纷后可以向消费者协会、旅游投诉受理机构或者有关调解组织提起调解请求。旅游纠纷也是消费纠纷，因此向消费者协会请求调解是合适的。至于旅游投诉受理机构，《旅游法》规定了县级以上人民政府应当指定或者设立统一的旅游投诉受理机构。此外，双方还可以向人民调解委员会等组织提起调解请求。

　　自愿、平等是进行调解的基本原则，要尊重当事人的权利，不得强制一方或双方进行调解，也不得因调解而阻止当事人依法通过仲裁、行政、司法等途径维护自己的权利。

　　需要注意的是，除经人民调解委员会调解达成的调解协议具有法律约束力，当事人应当按照约定履行外，一般的调解协议不具有法律强制力，一方或双方反悔，可以通过其他途径另行解决。

三、仲裁

　　仲裁是诉讼外解决经济纠纷的重要法律渠道，是指争议双方当事人依据争议发生前或争议发生后达成的仲裁协议，自愿将争议交给约定的仲裁机构做出裁决，双方当事人有义务履行裁决的一种解决争议的方式。当事人采用仲裁方式解决纠纷，应当双方自愿达成仲裁协议，或采用在合同中约定的仲裁条款。没有仲裁协议，一方申请仲裁的，仲裁委员会不予受理。仲裁裁决具有强制性，当事人应当履行，否则权利人有权申请人民法院强制执行。

需要注意的是，仲裁不同于前述协商、调解，协商和调解不成或一方或双方反悔，均可以向人民法院提起诉讼，但是自愿接受仲裁的一般不能再向人民法院起诉，除非是仲裁协议无效。特殊的情况是，一方向人民法院起诉，另一方未提出异议。《中华人民共和国仲裁法》第二十六条规定，当事人达成仲裁协议，一方向人民法院起诉未声明有仲裁协议，人民法院受理后，另一方在首次开庭前提交仲裁协议的，人民法院应当驳回起诉，但仲裁协议无效的除外；另一方在首次开庭前未对人民法院受理该案提出异议的，视为放弃仲裁协议，人民法院应当继续审理。

四、诉讼

诉讼是指国家审判机关即人民法院，依照法律规定，在当事人和其他诉讼参与人的参加下，依法解决讼争的活动。人民法院做出的判决或裁定一经生效，就有国家强制力保障其实施。旅游经营者和旅游者之间产生的纠纷多为民事纠纷，适应民事诉讼法的规定。需要说明的是，协商和调解不是提起诉讼的前置程序，只要争议一方认为有必要，可以直接向人民法院提起诉讼。

课程思政点

1. 诚信公平。《消费者权益保护法》第四条规定，经营者与消费者进行交易，应当遵循自愿、平等、公平、诚实信用的原则。不仅如此，消法对消费者规定的知情权、公平交易权，对经营者而言就是应该诚信宣传、公平对待消费者，这不仅是道德的倡导，而是实实在在的义务。在诚信和公平成为普适价值的情况下，作为经营者应该时刻谨记经营的基本原则，只有这样才能避免触及法律的禁区，赢得消费者的信赖和认可，从而保证经营的可持续。

2. 文明。旅游过程中往往接触各个不同层面的人。在出境旅游中，一个人的行为更代表了国家的形象。任何不文明的行为,不仅有损自身形象,还会影响他人,甚至扰乱旅游的正常秩序。如果是境外游,还会造成不好的影响。因此,每一个公民都应该树立文明意识,提倡文明旅游,时时处处展现良好的精神风貌。

拓展与深化题

1.《旅游法》第七十一条规定,由于地接社、履行辅助人的原因造成旅游者人身损害、财产损失的,旅游者可以要求地接社、履行辅助人承担赔偿责任,也可以要求组团社承担赔偿责任;组团社承担责任后可以向地接社、履行辅助人追偿。但是,由于公共交通经营者的原因造成旅游者人身损害、财产损失的,由公共交通经营者依法承担赔偿责任,旅行社应当协助旅游者向公共交通经营者索赔。从该条规定的设置来看,《旅游法》把公共交通经营者作为履行辅助人之一。同样是履行辅助人,为什么把公共交通经营者的原因造成旅游者人身损害、财产损失的列为"例外"?有人提出,这里的排除或许是考虑到旅行社对公共交通经营者干涉之不可能。但若以"干涉之不可能"为标准,那么旅行社对景区等似亦无干涉之可能,为何只排除公共交通经营者而不排除景区旅游经营者呢?

2.《旅游法》第四十一条第二款规定,导游和领队应当严格执行旅游行程安排,不得擅自变更旅游行程或者中止服务活动,不得向旅游者索取小费,不得诱导、欺骗、强迫或者变相强迫旅游者购物或者参加另行付费旅游项目。强迫购物是旅游市场一个比较突出的问题,它侵害了旅游消费者的自主选择权,往往造成旅游消费者的权益受损。从众多查处的案例来看,旅游市场之所以会出现领队或导游强迫购物的问题,往往与"低价团"存在密切联系,导游为了捞回成本、赚取利润不得不安排游客购物,甚至是强迫其购物。国家旅游局因此专门针对"低价游""零团费"等开展整治。《旅游法》第三十五条也做出规定,旅行社不得以不合理的低价组织旅游活动,诱骗旅游者,并通过安排购物或者另行付费旅游项目获取回扣等不正当利益。需要思考的是,是不是没有低价游就不会存在强迫购物的情形了？是低价游导致了强迫购物，还是因为强迫游客购物相对容易才导致了旅行社敢于低价接团？从整治的角度来看，固然低价游和强迫购物都应整治，但两者何为重点，如何整治效果才能更好呢？

3.旅游者与旅游经营者发生纠纷后可以选择多种渠道解决纠纷，但面对的现实是，协商调解往往难以达成一致，而仲裁诉讼又时间长、成本高。旅游者一般都是异地旅游，既对旅游目的地的情况不熟悉，也无法在旅游目的地耗费更多的时间。因此，旅游纠纷的解决更应考虑效率的问题。那么，你知道为了提高解决旅游纠纷的效率都已经采取了哪些举措？你还有哪些更好的建议？

第五章 旅游服务合同法律制度

学习目标：

1. 了解旅游服务合同的特点与类型；
2. 了解旅游服务合同订立的环节及条件；
3. 了解旅游服务合同生效及合同效力的不同情形；
4. 了解旅游服务合同履行的基本原则；
5. 了解旅游服务合同违约责任的承担方式。

合同约定的权利和义务对合同主体具有约束力。旅行社与旅游者之间的权利和义务主要通过双方签订的合同约定，旅游服务合同是规范双方关系的主要依据。《旅游法》第五章对包价旅游合同的订立、变更、转让、解除、违约责任等内容做了详细规定，并对旅游代办合同、旅游咨询以及住宿服务等内容做出具体规定。学习掌握旅游服务合同的相关知识是对旅游从业人员的基本要求。

第一节　旅游服务合同概述

一、旅游服务合同及其分类

（一）旅游服务合同

"旅游服务合同"并非《中华人民共和国民法典》（以下简称《民法典》）合同编中列明的有名合同（即典型合同）类型，《中华人民共和国旅游法》（以下简称《旅游法》）中亦未对"旅游服务合同"给出明确界定。学界对旅游服务合同的法律关系类型也存在不同观点，如承揽说、委托说、混合说等。从广义角度来说，作为合同中的一类，旅游服务合同本身必然符合"合同"的共性，同时也具有与"旅游"相关的特性。

《民法典》第四百六十四条第一款规定"合同是民事主体之间设立、变更、终止民事法律关系的协议"。旅游服务合同是两个以上法律地位平等的当事人意思表示一致的协议，其以产生、变更或终止债权债务关系为目的，且是一种民事法律行为。参照《旅游法》第五十七条的规定，旅游服务合同的"服务"主要是旅行社面向旅游者提供组织和安排旅游活动等旅游服务，合同的主体包括旅行社和旅游者。因此，旅游服务合同主要是指旅行社与旅游者约定旅游活动过程中双方权利义务关系的协议。

（二）旅游服务合同的分类

从国际旅游组织和各国关于旅游服务合同的立法来看，普遍在对旅游服务合同进行界定的同时，也明确了合同的类型。譬如，《布鲁塞尔旅行契约国际公约》将旅游服务合同分为有组织的旅行之契约和中间人承办的旅行之契约。所谓有组织的旅行契约系指当事人之一方提供给他方"一项一次计酬之综合性服务，包括交通、住宿（不在接送时间内之住宿）或任何其他有关服务"之契约。中间人承办的旅行契约是指当事人之一方为他方媒介旅游契约或媒介一项或多项个别给付，使他方完成旅游或短期居留之契约。日本《旅游业法》则将旅游服务合同分为"企画旅行契约"和"手配旅行契约"。所谓的企画旅行，就是指由旅行社制定包含旅游目的地、旅游行程、交通或住宿服务的内容以及旅游费用这四项要素的旅游计划，并依此实施的旅游类型；而手配旅行意指代办旅游，是指旅行社根据旅游者的委托，替旅游者代为安排住宿或交通等服务的旅游类型。

根据我国《旅游法》相关规定及实践经验，我国对旅游服务合同也进行了类似的分类，旅游服务合同主要包括包价旅游服务合同及代办旅游服务合同。

1. 包价旅游服务合同

《旅游法》对包价旅游服务合同做出了详细的规定及要求。《旅游法》第一百一十一条规定，"包价旅游服务合同"是指旅行社预先安排行程，提供或者通过履行辅助人提供交通、住宿、餐饮、游览、导游或者领队等两项以上旅游服务，旅游者以总价支付旅游费用的合同。

我国《旅游法》所规定的包价旅游服务合同与上述《布鲁塞尔旅行契约国际公约》提出的"有组织的旅行之契约"和日本《旅游业法》规定的"企画旅游合同"相似，突出强调服务内容的计划性。其一，包价旅游产品的行程线路均由旅行社设计和掌控，旅游者仅在接受或不接受之间进行选择，这也是区别于自由行旅游形式的一大特征。在自由行旅游形式中，旅游线路由旅游者自行设计和掌控，旅行社仅按照旅游者要求提供配套服务，双方针对该等配套服务所签订的旅游服务合同基本上都属于"代办旅游服务合同"性质。其二，旅行社或履行辅助人向旅游者提供的服务在两项以上，多则不限。若旅行社所提供旅游产品仅单纯涉及某一项服务内容，则无法体现出旅行社在旅游产品设计、统筹上的附加服务价值，旅行社更多发挥的仅为中介服务、委托代办的作用。其三，旅游者以总价形式支付服务对价。旅游者一次性向旅行社支付旅游产品的服务对价即可，至于旅游产品可能涉及各项具体服务的内容及价格，由旅行社与服务供应商自行交涉、处理，与旅游者无直接合同关系。

2.代办旅游服务合同

《旅游法》第七十四条第一款规定，"旅行社接受旅游者的委托，为其代订交通、住宿、餐饮、游览、娱乐等旅游服务，收取代办费用的，应当亲自处理委托事务。因旅行社的过错给旅游者造成损失的，旅行社应当承担赔偿责任"。由此可以看出，旅行社或其他旅游服务供应商接受旅游者委托，代为订购相关旅游产品、办理具体旅游服务事项的合同，一般均属"代办旅游服务合同"。

代办旅游服务合同本质上属于《民法典》合同篇第二十三章所规定的"委托合同"性质，即委托人和受托人约定，由受托人处理委托人事务的合同。受托人（旅行社或其他旅游服务供应商）应在委托权限范围内，按照委托人（旅游者）的指示处理委托事务；受托人处理委托事务取得的财产，应当转交给委托人；因处理委托事务所发生的费用应由委托人承担。

二、旅游服务合同的内容

（一）《旅行社条例》对旅游服务合同内容的规定

《旅行社条例》第二十八条明确规定，旅行社为旅游者提供服务，应当与旅游者签订旅游服务合同并载明下列事项：

1.旅行社的名称及其经营范围、地址、联系电话和旅行社业务经营许可证编号；

2.旅行社经办人的姓名、联系电话；

3.签约地点和日期；

4.旅游行程的出发地、途经地和目的地；

5.旅游行程中交通、住宿、餐饮服务安排及其标准；

6.旅行社统一安排的游览项目的具体内容及时间；

7.旅游者自由活动的时间和次数；

8.旅游者应当交纳的旅游费用及交纳方式；

9. 旅行社安排的购物次数、停留时间及购物场所的名称；

10. 需要旅游者另行付费的游览项目及价格；

11. 解除或者变更合同的条件和提前通知的期限；

12. 违反合同的纠纷解决机制及应当承担的责任；

13. 旅游服务监督、投诉电话；

14. 双方协商一致的其他内容。

同时，根据《旅行社条例》及《旅行社条例实施细则》的相关规定，旅行社对接待旅游者的业务做出委托的，应当征得旅游者的同意，将旅游目的地接受委托的旅行社的名称、地址、联系人和联系电话告知旅游者。同时，应与接受委托的旅行社就接待旅游者的事宜签订委托合同，确定接待旅游者的各项服务安排及其标准，约定双方的权利、义务。

（二）《旅游法》对旅游服务合同内容的规定

《旅游法》第五十七条、第五十八条规定，旅行社组织和安排旅游活动，应当与旅游者订立合同。包价旅游服务合同应当采用书面形式，包括下列内容：

1. 旅行社、旅游者的基本信息；

2. 旅游行程安排；

3. 旅游团成团的最低人数；

4. 交通、住宿、餐饮等旅游服务安排和标准；

5. 游览、娱乐等项目的具体内容和时间；

6. 自由活动时间安排；

7. 旅游费用及其交纳的期限和方式；

8. 违约责任和解决纠纷的方式；

9. 法律、法规规定和双方约定的其他事项。

此外，该法第六十条规定，旅行社委托其他旅行社代理销售包价旅游产品并与旅游者订立包价旅游服务合同的，应当在包价旅游服务合同中载明委托社和代理社的基本信息。旅行社依照本法规定将包价旅游服务合同中的接待业务委托给地接社履行的，应当在包价旅游服务合同中载明地接社的基本信息。

（三）《旅行社条例》与《旅游法》对旅游服务合同内容规定的效力衔接问题

《旅行社条例》于 2009 年 5 月 1 日起正式实施，第一次以国务院行政法规的形式，对旅游服务合同内容做出了详尽的规定。《旅游法》自 2013 年 10 月 1 日起施行，对旅游服务合同的内容做出了进一步的完善和补充，同时提升了法律位阶。目前，该两部旅游行业法律法规的时效性均为现行有效，但由于颁布时间不同，两部法律法规的规定有相同之处，也存在不同之处。

在处理《旅行社条例》与《旅游法》两者关系时，可以遵循两个基本原则进行处理。一是在《旅行社条例》与《旅游法》的规定存在冲突时，遵照《中华人民共和国立法法》所确定的"上位法优于下位法"的法律适用原则，以《旅游法》规定为准；二是在《旅行社条例》与《旅游法》的规定不相矛盾时，应将二者所规定的内容共同呈现在相关旅游服务合同内容中。

此外，值得注意的是，《旅行社条例》第二十八条所规定的旅游服务合同内容的适用范围包括旅行社作为合同主体一方与旅游者所签订的所有旅游相关合同，既包括包价旅游服务合同，也包括代办旅游服务合同及其他；而《旅游法》第五十八条所规定的旅游服务合同内容的适用范围则仅限于旅行社与旅游者所签订的包价旅游服务合同这一单一类型。

（四）旅游服务合同内容的强制性

《旅行社条例》在规定旅游服务合同应载明事项内容的同时，也在条例第五十五条明确规定，旅行社未与旅游者签订旅游服务合同，或与旅游者签订的旅游服务合同未载明本条例第二十八条规定的事项的，应由旅游行政管理部门给予行政处罚，具体处罚措施包括责令改正，处 2 万元以上 10 万元以下的罚款；情节严重的，责令停业整顿 1 个月至 3 个月。《旅游法》虽对包价旅游服务合同内容做出了补充和完善，但并未同时规定旅行社在未依法签订旅游服务合同时应当受到行政处罚。鉴于在行政处罚问题上《旅行社条例》与《旅游法》的规定虽有不同，但并不冲突。因此，在旅行社未与旅游者依法签订旅游服务合同时，即便《旅游法》中未明确规定行政处罚事项，旅游行政管理部门仍有权依照《旅行社条例》对旅行社处以相应的行政处罚。

【案例分析】张家界市文化旅游广电体育局、张家界华谊国际旅行社有限公司非诉执行审查案，（2021）湘0802行审12号

2020年4月29日，张家界市广电旅游局文化综合行政执法支队执法人员在张家界国家森林公园锣鼓塔门票站现场检查时发现：华谊国旅涉嫌安排未取得导游证人员吴某从事导游服务、与旅客王某签订的旅游包价合同未按《中华人民共和国旅游法》第五十八条和《旅行社条例》第二十八条规定载明法律法规规定的事项等违法行为。

后经张家界市广电旅游局向华谊国旅依法送达询问（调查）通知书、进行现场检查，华谊国旅既未配合接受询问调查，又不能完整提供相关旅游团队的团队档案，张家界市广电旅游局遂做出《行政处罚告知书》，华谊国旅亦未在规定期限内陈述、申辩。

张家界市广电旅游局最终做出《行政处罚决定书》【张文旅广体局行政罚字〔2020〕20号】，决定对华谊国旅给予以下行政处罚：1.依据《旅行社条例》第五十五条规定，对华谊国旅与游客王某签订的旅游服务合同未载明法律法规规定事项的行为，做出行政处罚20000元；2.依据《旅行社条例实施细则》第六十五条，对华谊国旅未妥善保存各类旅游服务合同及相关文件、资料，保存期不够两年的行为，做出行政处罚1000元，没收违法所得916元；3.依据《中华人民共和国旅游法》第九十六条规定，对华谊国旅安排未取得导游证人员吴某从事导游服务的违法行为做出行政处罚5000元，同案不另处没收违法所得。

该《行政处罚决定书》经张家界市永定区人民法院审查认为认定事实清楚，适用法律法规正确，程序合法，准予强制执行。

本案例来自"中国裁判文书网（https://wenshu.court.gov.cn/）"。

三、旅游服务合同的形式

（一）关于合同形式的一般规定

根据《民法典》第四百六十九条规定，"当事人订立合同，可以采用书面形式、口头形式或者其他形式。"可见，在法律无特别规定的情况下，合同订立在形式上没有强制性要求，只要作为合同主体的当事各方对协议内容形成共识，合同均可成立。合同当事各方既可以书面确认，也可以口头商定，也不排除通过行为默契订立合同、完成交易。

（二）关于旅游服务合同形式的特殊要求

1. 包价旅游服务合同

《旅游法》第五十八条明确规定，"包价旅游服务合同应当采用书面形式"，即包价旅游服务合同必须以书面形式订立。按照《民法典》第四百六十九条规定，书面形式是合同书、信件、电报、电传、传真等可以有形地表现所载内容的形式。此外，以电子数据交换、电子邮件等方式能够有形地表现所载内容，并可以随时调取查用的数据电文，也视为书面形式。

需要注意的是，若包价旅游服务合同未依法采用书面形式订立，不必然会引发合同无效的法律后果。根据《民法典》第四百九十条第二款规定，法律、行政法规规定或者当事人约定合同应当采用书面形式订立。当事人未采用书面形式，但一方已经履行主要义务并对方接受时，该合同成立。

2. 代办旅游服务合同

《民法典》对于作为委托合同的代办旅游服务合同的合同形式并无特别规定，即意味着合同当事各方可以采用任意形式就合同内容达成共识。

但从实践角度来看，即便在法律没有强制性要求的情况下，以书面形式明确双方的权利义务，仍然是旅游服务合同形式的最佳选择。由于书面合同可以明确、清晰地将双方的权利、义务、责任等内容固定下来，有利于避免日后因双方记忆偏差、道德风险等各种因素导致的纠纷争议，对合同双方权益保护均有积极意义。

第二节　旅游服务合同的订立

一、旅游服务合同的订立条件

订立旅游服务合同作为一种民事法律行为，根据《民法典》第一百四十三条规定，民事法律行为须具备下列条件才有效：行为人具有相应的民事行为能力；意思表示真实；不违反法律、行政法规的强制性规定，不违背公序良俗。

（一）合同主体适格

即行为人具有相应的民事行为能力。以包价旅游服务合同为例，合同主体为旅行社与旅游者双方。就旅行社而言，其必须具备相应的经营资质；就旅游者而言，其必须具备与所实施民事法律行为相匹配的年龄、智力、精神健康状况。又由于旅游服务合同往往是双务合同，履行旅游服务合同并不是纯获利益的民事法律行为，因此对旅游者而言，其应具有完全民事行为能力，方可独立实施民事法律行为，签订并履行旅游服务合同。若旅游者系限制民事行为能力人或无民事行为能力人的，则依法须由其法定代理人予以追认或代理实施民事法律行为。比如，若一位未成年学生作为旅游者要与旅行社签订旅游服务合同的，则必须由作为其法定代理人的父母或其他成年亲属同意、追认或代为签订，否则其独立签订的旅游服务合同就是无效或可撤销的（善意相对人有撤销的权利）。

（二）意思表示真实

即旅游服务合同项下所有的条款、内容都应是合同主体双方真实意愿的反映，若是因被欺诈、被胁迫或基于重大误解等，违背真实意愿而签订的，则该旅游服务合同依法可撤销。

（三）不违反法律、行政法规的强制性规定，不违背公序良俗

一份旅游服务合同的条款、内容即便是双方真实意愿表示，但若违反了法律、行政法规的强制性规定（该强制性规定不导致该民事法律行为无效的除外），或违背了公序良俗，该合同无效。

【案例分析】南京同业国际旅行社有限公司与泗阳海欣俱乐部有限公司旅游服务合同纠纷案，（2016）苏 1323 民初 4427 号

2016 年 4 月，南京同业国际旅行社有限公司（简称"同业国旅"）与泗阳海欣俱乐部有限公司（简称"海欣公司"）签订了一份团队"境外旅游服务合同"。合同约定：旅游地点为泰国，出发时间 2016 年 4 月 20 日，结束时间 2016 年 4 月 26 日，共 7 天，饭店住宿 6 夜，团费为成人 2780 元/人，旅游费用合计 27800 元，成团的最低人数为 10 人。合同签订后，同业国旅为履行该合同义务另行支付机票订购款 12200 元。出发前五天，海欣公司以同业国旅不具备出境旅游业务从业资质、合同履行存在安全隐患为由主动退团，且拒不支付合同约定的旅游费用。同业国旅遂起诉至江苏省泗阳县人民法院，要求海欣公司依约支付旅游费用 27800 元。

江苏省泗阳县人民法院经审理认为：《旅游法》第二十九条明确规定：旅行社经营出境旅游、边境旅游业务，应当取得相应的业务经营许可。因同业国旅的经营范围并不包括出境旅游业务，在其未取得国家限制经营、特许经营许可的情况下与海欣公司签订出境旅游服务合同违反了法律、行政法规规定，属无效合同。根据《中华人民共和国合同法》规定：合同无效后，因该合同取得的财产，应当予以返还；不能返还或者没有必要返还的，应当折价补偿；有过错的一方应当赔偿对方因此所受到的损失，双方都有过错的，应当各自承担相应的责任。本案中，同业国旅因履行该合同的实际损失为 12200 元，鉴于海欣公司在签订合同时未能认真审查同业国旅资质，出发前又主动退团，在主观上也存在一定过错，被酌情认定海欣公司应承担 20% 的过错责任，即 2440 元。

本案例来自"中国裁判文书网（https://wenshu.court.gov.cn/）"。

二、旅游服务合同的订立方式

《民法典》第四百七十一条规定，"当事人订立合同，可以采取要约、承诺

方式或者其他方式。"可见，要约、承诺是合同订立的常规方式。在该合同订立方式中，要约、承诺是两个必经步骤，当承诺在要约确定的期限内或合理期限内到达要约人时，合同即告成立。当然，实践操作中，合同订立的过程往往不限于仅此两个步骤，可能还涉及要约邀请、新要约/反要约等非必要环节。

（一）要约

要约是希望与他人订立合同的意思表示。根据《民法典》第四百七十二条规定，要约应当符合两个条件：一是内容具体确定；二是表明经受要约人承诺，要约人即受该意思表示约束。

（二）承诺

承诺是受要约人同意要约的意思表示。

（三）要约邀请

要约邀请是希望他人向自己发出要约的表示。比如拍卖公告、招标公告、招股说明书、债券募集办法、基金招募说明书、商业广告和宣传、寄送的价目表等，均为要约邀请。但若商业广告和宣传的内容符合要约的两个必备条件的，则构成要约。

（四）新要约/反要约

当受要约人对要约做出的承诺反馈不是完全接受，而是部分接受或附条件接受的，则需区分两种情况进行判断。若受要约人对要约内容做出的变更是非实质性的，则仍构成承诺，承诺如期到达要约人时，合同生效；若受要约人对要约的内容做出实质性变更的，则为新要约，或称为反要约，需要由要约人进一步反馈表态方能判断合同成立与否。有关合同标的、数量、质量、价款或者报酬、履行期限、履行地点和方式、违约责任和解决争议方法等合同核心内容的变更，都是对要约内容的实质性变更。

三、包价旅游服务合同订立时旅行社的法定告知义务

《旅游法》第六十二条明确规定：订立包价旅游服务合同时，旅行社应当向

旅游者告知下列事项：

（一）旅游者不适合参加旅游活动的情形；

（二）旅游活动中的安全注意事项；

（三）旅行社依法可以减免责任的信息；

（四）旅游者应当注意的旅游目的地相关法律、法规和风俗习惯、宗教禁忌，依照中国法律不宜参加的活动等；

（五）法律、法规规定的其他应当告知的事项。

在包价旅游服务合同履行中，遇有前款规定事项的，旅行社也应当告知旅游者。

另外，值得注意的是，包价旅游合同现实中一般都是格式合同。按照《民法典》关于格式条款的有关规定，采用格式条款订立合同的，提供格式条款的一方应当遵循公平原则确定当事人之间的权利和义务，并采取合理的方式提示对方注意免除或者减轻其责任等与对方有重大利害关系的条款，并按照对方的要求，对该条款予以说明。《旅游法》的上述规定实际上明确了这里的"提示"应以告知的形式，《民法典》的这一规定则还包括了对相关条款的说明义务。

针对旅行社未履行告知义务，《民法典》关于格式条款的规定明确，提供格式条款的一方未履行提示或者说明义务，致使对方没有注意或者理解与其有重大利害关系的条款的，对方可以主张该条款不成为合同的内容。《最高人民法院关于审理旅游纠纷案件适用法律若干问题的规定》第八条第一款则针对未履行安全告知的责任进行了明确，该款规定：旅游经营者、旅游辅助服务者对可能危及旅游者人身、财产安全的旅游项目未履行告知、警示义务，造成旅游者人身损害、财产损失，旅游者请求旅游经营者、旅游辅助服务者承担责任的，人民法院应予支持。

【案例分析】包某某、包某诉江苏春天国际旅行社有限公司旅游服务合同纠纷案，（2021）苏 04 民终 4381 号

2021 年 3 月 3 日，包某某及包某的父亲（时年 75 周岁）报名参加了春天国旅组织的大丰荷兰花海二日游项目。本次旅游路线参加对象以老年人为主，每位团费 129 元、保险费 1 元。春天国旅没有与每位游客订立书面旅游服务合同，但在游客出发上车后让每位游客签订了健康状况确认和承诺书。承诺书载明：旅行社在与本人订立旅游服务合同之前，已就本次旅游活动的行程安排、服务标准、旅游目的地的地理及气候特征、旅游项目可能存在的风险、旅游意外保险等情况进行了详细的说明和充分的告知，本人知悉且确认身体健康状态适合参加本次旅游；同时承诺自行承担旅游行程中因自身健康原因（各类疾病）导致的意外情况所产生的法律责任。

2021 年 3 月 3 日，春天国旅组织包括包某的父亲在内的旅游团队从溧阳市乘车前往盐城大丰，游览了大丰荷兰花海景区，整个行程中无剧烈运动项目，也未安排成员参加与旅游活动无关的购物活动。活动期间，包某的父亲与同行人员交流活动正常，未提出身体不适或有异样。2021 年 3 月 4 日凌晨，包某的父亲在酒店房间内突发疾病死亡，经法医部门鉴定，认定包某的父亲突发疾病死亡。二原告作为死者继承人，遂起诉要求春天国旅支付丧葬费、死亡赔偿金等177,003.56 元。

江苏省常州市中级人民法院认为，现行法律虽规定了文体活动"自甘风险"原则，但"自甘风险"的前提是知晓风险，旅游法及旅游行业规范之所以规定旅行社应当在订立旅游服务合的同时向旅游者告知不适合参加旅游活动的情形及旅游活动中的安全注意事项，就是为了保证旅游者充分了解参加旅游活动时可能存在的风险，并结合自身状况合理做出选择。作为专业的旅游从业者，明知包某的父亲已年满 65 周岁，春天国旅既未与包某的父亲签订书面的包价旅游服务合同，也未依照法律规定及行业规范采集包某的父亲的个人健康情况，同时也未就不适合长途旅行等安全注意事项进行全面告知、提示。春天国旅上述行为存在明显过错，并在一定程度上侵害了包某的父亲的知情权和选择权，同时也不能排除长时间舟车劳顿确实可能加重了包某父亲的身体负担，从而诱发了相关疾病的因果关系。故春天国旅溧城营业部应承担一定的赔偿责任，酌情确定春天国旅赔偿各项损失 60 000 元。

本案例来自"中国裁判文书网（https://wenshu.court.gov.cn/）"。

第三节　旅游服务合同的效力

一、旅游服务合同生效

（一）旅游服务合同生效的一般情形

根据《民法典》第四百八十三条规定，承诺生效时合同成立，但是法律另有规定或者当事人另有约定的除外。一般情况下，受要约人做出同意要约的意思表示，且该意思表示达到要约人时，承诺生效，合同同时成立。

另根据《民法典》第五百零二条规定，依法成立的合同，自成立时生效，但是法律另有规定或者当事人另有约定的除外。一般情况下，合同成立即生效，并对合同当事方产生法律约束力。

以包价旅游服务合同为例，绝大多数情况下，旅行社与旅游者经过讨价还价的要约、反要约过程，双方共同在包价旅游服务合同上签名落款时承诺生效，合同依法成立，同时对签约双方产生法律约束力。此外，随着在线旅游服务的快速发展，通过网络订购旅游产品的情形已经非常普遍。针对线上交易的特点，《民法典》《电子商务法》均对线上交易合同的成立明确了相应的规则。譬如，《民法典》第四百九十一条第二款规定，除非当事人另有约定，当事人一方通过互联网等信息网络发布的商品或者服务信息符合要约条件的，对方选择该商品或者服务并提交订单成功时合同成立。《电子商务法》第四十九条第二款规定，电子商务经营者不得以格式条款等方式约定消费者支付价款后合同不成立；格式条款等含有该内容的，其内容无效。

（二）附生效条件旅游服务合同

所谓"附生效条件旅游服务合同"是指旅游服务合同的生效以所附条件成就为前提，自条件成就时合同生效。旅游服务合同作为合同的一种，合同当事方可基于自由意志，在不违反法律法规强制性规定，不违反公序良俗的前提下，平等磋商，为旅游服务合同设定生效条件。

例如，《旅游法》第五十八条规定，包价旅游服务合同的内容中，应当包括旅游团成团最低人数一项。同时，《旅游法》第六十三条又规定，旅行社招徕旅游者组团旅游，因未达到约定人数不能出团的，组团社可以解除合同。但是，境内旅游应当至少提前七日通知旅游者，出境旅游应当至少提前三十日通知旅游者。因未达到约定人数不能出团的，组团社经征得旅游者书面同意，可以委托其他旅行社履行合同。组团社对旅游者承担责任，受委托的旅行社对组团社承担责任。旅游者不同意的，可以解除合同。而实践过程中，由于参团人数确实是影响旅游项目价格的重要因素，因此，大量旅游服务合同均根据前述法律规定，将未达到最低成团人数作为旅游服务合同的解除条件，并将具体操作方式细化、内设于旅游服务合同的条款内容中。至于最低成团人数具体为多少，则由旅行社结合旅游行程的实际情况，与旅游者协商确定。

二、效力待定的旅游服务合同

所谓效力待定的旅游服务合同，是指旅游服务合同成立以后，因存在不足以认定合同有效的瑕疵，致使旅游服务合同不能产生法律效力，在一段合理的时间内合同效力暂不确定，由有追认权的当事人进行补正或有撤销权的当事人进行撤销，再视具体情况确定合同是否有效。处于此阶段中的旅游服务合同，为效力待定的旅游服务合同。合同效力待定，意味着合同效力既不是有效，也不是无效，而是处于不确定状态。导致旅游服务合同效力处于待定状态的瑕疵情况通常包括以下两种：

（一）限制行为能力人缔结的合同

所谓限制民事行为能力人，包括八周岁以上的未成年人以及不能完全辨认自己行为的成年人。根据《民法典》第一百四十五条规定，限制民事行为能力人实施的纯获利益的民事法律行为或者与其年龄、智力、精神健康状况相适应的民事法律行为有效；实施的其他民事法律行为经法定代理人同意或者追认后有效。相对人可以催告法定代理人自收到通知之日起三十日内予以追认。法定代理人未作表示的，视为拒绝追认。民事法律行为被追认前，善意相对人有撤销的权利。撤销应当以通知的方式做出。

例如，一名十四周岁的未成年人作为旅游者与旅行社签订了一份包价旅游服务合同，该合同在得到旅游者的法定代理人（一般情况下，作为其监护人的父母即为其法定代理人）追认前，便处于效力待定状态。此时，作为合同相对方的旅行社可以催告旅游者的父母，要求其尽快确认该合同的效力。若收到通知后三十日内，旅游者父母予以追认的，则该旅游服务合同有效；若收到通知后三十日内，旅游者父母予以否认，或未做出任何意思表示的，则该合同因未被追认而无效。

（二）无代理权人以被代理人名义缔结的合同

所谓无代理权人，是指行为人没有代理权、超越代理权或者代理权终止后，仍然实施代理行为的人。根据《民法典》第一百七十一条规定，无代理权人实施代理行为，未经被代理人追认的，对被代理人不发生效力。相对人可以催告被代理人自收到通知之日起三十日内予以追认。被代理人未作表示的，视为拒绝追认。行为人实施的行为被追认前，善意相对人有撤销的权利。撤销应当以通知的方式做出。

需要说明的是，无代理权人以被代理人名义缔结的合同并非整个合同的效力待定，在实际签订合同的无代理权人和相对人之间，合同效力自成立后即已确定。只是该合同对被代理人是否产生法律约束力是不确定的，须以得到被代理人追认与否作为判断依据。

【案例分析】贵州亚太旅行社有限公司与张家界中国旅行社股份有限公司、龚某合同纠纷一审民事判决书，（2021）湘 0802 民初 265 号

2019 年 3 月 8 日，原告贵州亚太旅行社与张家界中国旅行社（龚某作为业务代表）签订了名为"贵州全景 - 品质纯玩"的《旅行社委托接待合同》（加盖有张家界市中国旅行社电子公章），约定由原告承接张家界中国旅行社从上海发至贵州游玩的旅游团，行程涵盖贵阳、梵净山、亚木沟等贵州主要景区景点，行期自 2019 年 3 月 15 日起共 13 天，团款共计 137700 元（预计）。合同签订后，原告依约履行了游客接待义务，并于 2019 年 4 月 1 日向张家界中国旅行社发出《贵州亚太旅行社结算通告单》，要求支付旅游团款 185835 元（据实结算），未得回应。后于 2019 年 9 月 11 日，原告又与张家界中国旅行社（龚某作为业务代表）协商，并同意张家界中国旅行社分期还款。张家界中国旅行社出具了《还款计划书》，但该《还款计划书》上仅有龚某个人签名和捺印，无张家界中国旅行社盖章。后因《还款计划书》未得实际履行，原告遂起诉要求张家界中国旅行社、龚某共同支付旅游团款 185835 元及其逾期违约金。张家界中国旅行社答辩称，龚某曾经是该社一名员工，但早已离职，案涉《旅行社委托接待合同》非张家界中国旅行社授权签订，相关事宜概不知情，故而涉案欠款纠纷与张家界中国旅行社无关。

张家界市永定区人民法院经审理查实，龚某曾是张家界中国旅行社员工，离职后仍从事旅游相关工作。本案发生前，还曾作为上海锦华国际旅行社的业务代表前往贵州考察，并由原告接待，随后不久龚某又以张家界中国旅行社名义与原告签订了案涉合同。原告明知被告龚某代理身份不明确，在履行合同之前仍未向张家界中国旅行社进行必要的核实，与常理不符，其本身存在过失，故龚某的代理行为不构成表见代理，加之张家界中国旅行社对龚某的代理行为拒绝追认，故而该《旅行社委托接待合同》不对张家界中国旅行社产生法律效力。最终判决龚某个人向原告偿还旅游团款及其逾期违约金。

本案例来自"中国裁判文书网（https://wenshu.court.gov.cn/）"。

三、无效的旅游服务合同

所谓无效的旅游服务合同，是指旅游服务合同虽然已经成立，但因其严重欠缺有效要件，在法律上不按当事人之间的合约赋予其法律效力，且无效的合同自始没有法律约束力。通常情况下，合同当事方因该无效合同履行所取得的财产，应当予以返还；不能返还或者没有必要返还的，应当折价补偿。对合同无效存在过错的一方应当赔偿对方由此所受到的损失；各方都有过错的，应当各自承担相应的责任。

根据《民法典》第一百四十四条、第一百四十六条、第一百五十三条、第一百五十四条等规定，以下几种情况下所签订的旅游服务合同无效。

（一）无民事行为能力人签订的旅游服务合同

无民事行为能力人包括不满八周岁的未成年人，以及不能辨认自己行为的成年人。由于无民事行为能力人依法须由其法定代理人代理实施民事法律行为，故其自行签订的旅游服务合同自始无效。例如，一个七岁孩子作为旅游者所签订的旅游服务合同，一个被依法宣告为无民事行为能力人的脑器质性精神障碍患者作为旅游者所签订的旅游服务合同等，均因系无民事行为能力人签订而不发生法律效力。

（二）合同当事双方以虚假的意思表示签订的旅游服务合同

由于合同当事双方以虚假的意思表示签订的旅游服务合同所指向的法律效果，并非双方当事人内心的真实意思表示，双方对此相互知晓，如果认定其为有效，将有悖于意思自治的民法基本原则。例如，为逃避债务而实施的虚假赠与行为，名为赠与实为买卖所签订的赠与合同等，均因属双方的虚假表意而无效。那基于双方以虚假表意试图隐藏真心所达成的合同是否有效，则需根据法律规定再作进一步判断，并非必然有效或无效。

（三）违反法律、行政法规的强制性规定，违反公序良俗签订的旅游服务合同

不违反法律、行政法规的强制性规定以及不违背公序良俗本身，为民事法律行为有效的三项要件。关于该项导致旅游服务合同无效的情形，在本章第二节旅游服务合同的订立部分论及"旅游服务合同的订立条件"时已有说明，在此不再赘述。

（四）恶意串通损害他人合法权益所签订的旅游服务合同

所谓恶意串通，是指行为人与相对人互相勾结，为牟取私利而实施的损害他

人合法权益的民事法律行为。恶意串通签订的旅游服务合同在主观上要求双方有互相串通、为满足私利而损害他人合法权益的目的，客观上表现为实施了签订旅游服务合同的行为来达到这一目的。

例如，甲公司生产的一批旅游产品质量低劣，卖不出去，甲公司找到乙旅行社负责采购的业务人员向其行贿，二者相互串通订立该产品的买卖合同，乙旅行社将其以合格产品买入。在该例中，甲公司与乙旅行社采购人员相互勾结签订合同，损害乙旅行社利益的行为就属于恶意串通的民事法律行为，双方所签订的买卖合同无效。

四、可撤销的旅游服务合同

所谓可撤销的旅游服务合同，是指当事人在订立旅游服务合同时，因意思表示不真实，法律规定享有撤销权的合同当事方通过行使撤销权而使已经生效的合同归于无效的合同。由于可撤销的旅游服务合同在被依法撤销后，被视为合同自始没有法律约束力，故其导致的法律效果同无效合同一样，即通常情况下，行为人因该被撤销合同履行已取得的财产，应当予以返还；不能返还或者没有必要返还的，应当折价补偿。对合同被撤销负有过错的一方应当赔偿对方由此所受到的损失；各方都有过错的，应当各自承担相应的责任。

需要注意的是，由于合同撤销权的行使将使得可撤销的合同效力终局性地归于无效，这将对合同相对方的利益产生重大影响。因此享有撤销权的权利人也被法律要求必须在一定期间内决定是否行使这一权利，从而达到保护合同相对人利益，维护交易安全的目的。

以下几种情况下所签订的旅游服务合同依法可撤销。

（一）重大误解

基于对合同内容存在重大误解的情况下所签订的合同，存在重大误解的一方有权请求人民法院或者仲裁机构予以撤销。但重大误解的当事人必须知道或者应当知道撤销事由之日起九十日内行使撤销权，否则撤销权逾期自动灭失。

（二）欺诈

合同当事一方以欺诈手段，使对方在违背真实意思的情况下签订的旅游服务合同，受欺诈方有权请求人民法院或者仲裁机构予以撤销。合同当事方之外的第三方实施欺诈行为，使合同当事一方在违背真实意思的情况下签订的旅游服务合同，合同相对方知道或者应当知道该欺诈行为的，受欺诈方同样有权请求人民法院或者仲裁机构予以撤销。但受欺诈方必须自知道或者应当知道撤销事由之日起一年内行使撤销权，否则撤销权逾期自动灭失。

（三）胁迫

合同当事一方或者第三人以胁迫手段，使合同相对方在违背真实意思的情况下签订的旅游服务合同，受胁迫方有权请求人民法院或者仲裁机构予以撤销。但受胁迫方必须自胁迫行为终止之日起一年内行使撤销权，否则撤销权逾期自动灭失。

（四）乘人之危导致的显失公平

合同当事一方利用合同相对方处于危困状态、缺乏判断能力等情形，致使所订立合同内容显失公平的，受损害方有权请求人民法院或者仲裁机构予以撤销。受损害方必须知道或者应当知道撤销事由之日起一年内行使撤销权，否则撤销权逾期自动灭失。

【案例分析】邓某、广州市要趣旅游有限公司旅游服务合同纠纷，（2021）粤0111民初12750号

2019年8月20日，邓某根据被告广州要趣旅游公司对旅游服务的宣传，通过被告旅游电商平台"喜聚APP"购买了"环游世界套餐-单人版"旅游服务，约定由被告为其提供国内外旅游服务12次，服务期限二年。同日，原告向被告支付了费用29800元。合同签订后，被告已实际为邓某提供了三次旅游服务。后因原告得知被告的许可经营业务仅为境内旅游与入境旅游，遂以被告在不具备出境旅游经营许可的前提下向其宣传出境旅游服务并签订旅游服务合同，存在欺诈行为为由，起诉主张撤销双方签订的旅游服务合同，并要求返还已支付但尚未履行部

分旅游服务费用 22350 元及利息损失。

广州市白云区人民法院认为：原告基于对被告服务的信任购买涉案旅游服务并支付了费用 29800 元，是认为被告能提供相应的境外旅游服务，而被告事前隐瞒未取得出境旅游经营许可的事实，实质上造成了原告对涉案权利处分上的不公平，原告涉案利益得不到实现，故判决支持原告的诉讼主张。

本案例来自"中国裁判文书网（https://wenshu.court.gov.cn/）"。

五、旅游服务合同中格式条款的效力

所谓格式条款，是指当事人为了重复使用而预先拟定，并在订立合同时未与对方协商的条款。实践过程中，包价旅游服务合同以及作为合同组成部分的旅游行程单，通常由旅行社事先制订模版，就旅游行程中各项服务内容、双方权利义务等单方做出安排，旅游者除需完善个人信息以及对部分附加旅游项目进行勾选外，不会或不能对旅行社已事先制订好的其他合同条款协商调整。该等条款即属旅游服务合同中的格式条款。

在当下的社会经济生活中，格式条款已经十分普遍。格式条款作为一种可以大大降低交易成本、提高民事活动效率的机制设计是必要的。除旅游服务合同外，比如保险合同、航空或旅客运输合同、供电、供水、供热合同和邮政电信服务合同等，基本上是由服务提供方事先拟定好的格式模版作为签约蓝本。因此，格式条款作为法律允许甚至鼓励的一种交易方式，其有效性自然也是法律认可和保障的。

但是，由于格式条款总是一方（通常为提供商品或服务的强势一方）预先拟定，且未经与合同对方当事人（通常为接受商品或服务的弱势一方）进行磋商。因此，法律在允许使用格式条款的同时，也必须对格式条款所规定的合同内容进行必要干预，以确保格式条款遵循"公平"的法律基本原则。

故此，《民法典》第四百九十六条第（二）款明确规定，采用格式条款订立合同的，提供格式条款的一方应当遵循公平原则确定当事人之间的权利和义务，并采取合理的方式提示对方注意涉及免除或者减轻其责任等与对方有重大利害关系的条款，要按照对方的要求，对该类条款予以说明。提供格式条款的一方未履

行提示或者说明义务，致使对方没有注意或者理解与其有重大利害关系条款的，对方可以主张该条款不成为合同的内容。同时，《民法典》第四百九十七条针对格式条款的效力问题做出特别规定，有下列情形之一的，该格式条款无效：提供格式条款一方不合理地免除或者减轻其责任；加重对方责任；限制对方主要权利；提供格式条款一方排除对方主要权利。

【案例分析】许某等与瑞金市红天马国际旅行社有限公司旅游服务合同纠纷，（2017）赣0781民初1884号

2016年8月16日，原告许某等4人与被告红天马公司签订《团队境内旅游服务合同》，约定原告4人参加由红天马公司组织的2016年8月21日-26日的"海南双飞六日游"旅游活动。同时，该合同条款还约定投保每人赔偿限额20万元的旅行社责任险（红天马公司向第三人天安财险公司投保了旅行社责任保险，保险期间自2016年3月13日至2017年3月12日，每次事故每人赔偿额为200000元）。签约当日，原告4人共向红天马公司交纳旅游费用合计10320元。2016年8月21日，红天马公司安排一辆非营运小型普通客车运送原告一行从瑞金市出发前往赣州机场。途中，因司机疲劳驾驶，车辆失控撞上高速公路右侧护栏后发生侧翻，造成车上原告4人不同程度伤残。原告4人遂起诉要求红天马公司赔偿其因遭受交通事故而造成的损失共计人民币593138.45元，要求天安财险公司在其承保的旅行社责任险赔付限额内直接向原告支付赔偿金。

本案在处理争议焦点之一，即第三人天安财险公司是否应当承担保险赔偿责任。天安财险公司辩称事故车辆不是红天马公司租用或者自有的、从事合法客运的交通工具，符合保险合同中约定的保险公司的免责条件，故其在本案中不应承担保险责任。但瑞金市人民法院认为：保险合同及投保单中的免责条款、特别提示及投保人声明等内容，均是天安财险公司事先打印好的，是格式条款，第三人提供的证据并不能证明其已就免责条款向红天马公司进行了明确说明，故免责条款对红天马公司不发生法律效力，天安财险公司应在保险赔偿限额内承担保险责任，向原告4人支付赔偿款。

本案例来自"中国裁判文书网（https://wenshu.court.gov.cn/）"。

第四节 旅游服务合同的履行

一、旅游服务合同履行的基本原则

所谓旅游服务合同的履行，是指旅游服务合同的各方当事人按照合同约定或者法律规定，全面适当地完成己方所负义务，使合同当事各方的合同目的均得以实现的过程。旅游服务合同履行的核心在于当事各方履行完成己方基于合同约定及法律规定所负有的义务。在此过程中，应遵循下述基本原则。

（一）全面履行原则

不同的合同，合同义务也会有所不同。例如，买卖合同中，出卖人负有转移标的物所有权给买受人的义务，买受人负有支付价款的义务。当事人在合同内容中一般会就标的物名称、数量、质量、履行期限、履行地点和方式、价款及其结算方式等做出具体约定。再如，租赁合同中，出租人负有将租赁物交付承租人使用、收益的义务，承租人负有支付租金的义务，当事人在合同内容中一般会就租赁物的名称、数量、用途、租赁期限、租金及其支付期限和方式、租赁物维修等做出具体约定。而无论合同类型有何差异，当事人履行合同义务，均应当以全面履行为原则，即应当按照约定全面履行自己的义务。例如，买卖合同的出卖人应当按照约定的履行期限、履行地点和方式，将符合约定的数量、质量要求的标的物的所有权转移于买受人，买受人应当按照约定的价款金额、结算方式支付价款。租赁合同的出租人应当在约定的租赁期限内持续提供租赁物供承租人使用、收益，承租人应当按照约定的用途使用租赁物并按照约定的数额和支付方式支付租金。否则，当事人就其未全面履行合同义务的行为要承担违约责任。

（二）诚信原则

诚信原则被称为民法的"帝王条款"，是各个国家或者地区民法公认的基本原则。我国《民法典》也明确将诚信原则作为民法的基本原则。《民法典》总则编第七条规定，民事主体从事民事活动，应当遵循诚信原则，秉持诚实，恪守承诺；《民法典》合同编第五百零九条规定，当事人应当遵循诚信原则，根据合同的性质、目的和交易习惯履行通知、协助、保密等义务。根据这一原则要求，当事人除应当按照合同约定履行自己的义务外，也要履行合同未作约定但依照诚信原则应当履行的通知、协助、保密等义务。民法典中就合同履行的附随义务列举了通知、协助、保密这三项比较典型的义务，但附带义务的范围不局限于此。在某一合同的履行中，当事人应当履行哪些附随义务，应当依照诚信原则，根据该合同的性质、目的和交易习惯作具体判断。

（三）绿色原则

《民法典》总则编第九条规定了绿色原则，民事主体从事民事活动，应当有利于节约资源、保护生态环境。绿色原则是落实党中央关于建设生态文明、实现可持续发展理念的要求，是贯彻宪法关于保护环境规定的要求。总则编将绿色原则提升至民法基本原则的地位，全面开启了环境资源保护的民法通道，有利于构建人与自然的新型关系。同时，《民法典》合同编第五百零九条进一步强调了绿色原则在合同履行中的重要性，要求当事人在履行合同过程中，应当避免浪费资源，避免污染环境和破坏生态。

二、包价旅游服务合同项下权利义务转让给第三人的合同履行

根据《民法典》规定的一般原则，债权人转让债权时应当通知债务人，无须征得债务人同意；而债务人转移债务则必须经债权人的同意。而所谓合同权利义务的一并转让，又被称为概括转让或者合同地位转让，是指合同关系的一方当事人将其合同权利义务一并转移给第三人，由第三人全部地承受这些权利义务。因其既包括了债权的转让，又包括了债务的转移，因此，为避免对合同相对方造成权益损害，应当经过对方当事人的同意。《民法典》第五百五十五条对此也做出明确规定，当事人一方经对方同意，可以将自己在合同中的权利和义务一并转让

给第三人。

针对包价旅游服务合同，《旅游法》第六十四条特别规定，旅游行程开始前，旅游者可以将包价旅游服务合同中自身的权利义务转让给第三人，旅行社没有正当理由的不得拒绝，因此增加的费用由旅游者和第三人承担。即意味着，在包价旅游服务合同项下，若旅游者一方拟于旅游行程开始前更换实际旅游者的，旅行社一般情况下不得拒绝，除非另有正当理由，但由此增加的费用理应由变更合同的旅游者一方来承担。该条款是《旅游法》针对旅游者一方在旅游行程开始前转让包价旅游服务合同项下权利义务这一特定情形下的特别规定。若是旅游行程开始后，旅游者一方仍主张转让包价旅游服务合同项下权利义务的，或是包价旅游服务合同的另一方旅行社拟将旅游业务转让给其他旅游经营者的，则根据《民法典》规定的一般原则，均须取得合同相对方的同意。

三、包价旅游服务合同项下旅行社义务委托给第三人的合同履行

根据《旅游法》规定，经旅游者同意后，旅行社可将包价旅游服务合同中的接待业务委托给其他具有相应资质的地接社履行；组团社应当与地接社订立书面委托合同，自行向地接社支付不低于接待和服务成本的费用，地接社应当按照包价旅游服务合同和委托合同提供服务；若由于地接社原因导致违约的，仍由组团社向旅游者承担违约责任。

根据以上规定可知，包价旅游服务合同中的旅行社一方（组团社）在与旅游者签订合同后，若委托地接社履行包价合同中部分义务的，须满足三个条件：一是征得旅游者一方同意；二是受托地接社必须具备相应的旅游服务资质；三是确保受托地接社必须严格遵照包价旅游服务合同约定，全面履行受托业务相关的合同义务。否则，组团社均须承担相应违约责任。

需要说明的是，包价旅游服务合同项下旅行社义务委托第三人履行，与前述包价旅游服务合同项下权利义务转让给第三人这两种情况，在法律关系上存在本质性的区别。以旅游者转让包价旅游服务合同项下权利义务为例，转让完成后，

受让权利义务的实际旅游者相当于替代了原签约旅游者地位，原签约旅游者退出包价旅游服务合同的履行，合同当事方变更为实际旅游者与旅行社双方。而包价旅游服务合同项下旅行社义务委托第三人履行后，组团社与地接社之间的委托合同关系并不影响包价旅游服务合同的履行，组团社仍须严格遵照包价旅游服务合同约定向旅游者全面履行合同义务，即便由于地接社原因导致接待服务瑕疵的，也须由组团社向旅游者直接承担违约责任。

四、代办旅游服务合同旅行社的亲自履行要求

实践中，旅游者为了减少自助旅游的不便，往往会委托旅行社代办部分与旅游有关的服务，如代订机票、车票、客房，代办出入境和签证手续、旅游保险等。旅行社提供的代办服务，不仅能较好地满足旅游者的不同需要，而且能够降低旅游者出游的费用。从性质上看，代办旅游服务合同属于委托合同。按照《民法典》规定，一般情形下，受托人应当亲自处理委托事务。但是，经委托人同意，受托人可以转委托。需要注意的是，基于更好保护旅游者权益的角度，《旅游法》第七十四条规定，旅行社接受旅游者的委托，为其代订交通、住宿、餐饮、游览、娱乐等旅游服务，收取代办费用的，应当亲自处理委托事务。因旅行社的过错给旅游者造成损失的，旅行社应当承担赔偿责任。

第五节　旅游服务合同解除

合同解除将导致合同的权利和义务关系终止。生效的合同对合同主体具有约束力，一般来说，当事人不能随意解除合同。《民法典》规定了协议解除和法定解除两种合同解除的基本形式，《旅游法》则结合旅游活动特点，在旅游服务合同的解除方面做出了相应的规定。

一、《民法典》规定的合同解除情形

（一）合同解除的形式

1. 协议解除。合同的成立，原则上尊重当事人的意愿。同样，合同的解除也应尊重当事人的意愿。只要当事人就合同解除达成一致，解除为当事人真实意思表示，一般而言均予尊重。《民法典》第五百六十二条规定，当事人协商一致，可以解除合同。当事人可以约定一方解除合同的事由，解除合同的事由发生时，解除权人可以解除合同。约定解除事由是当事人协商的结果，事由发生时解除合同，当然也可视为当事人协商的结果。

2. 法定解除。《民法典》第五百六十三条规定了合同法定解除的几种情形，包括：

（1）因不可抗力致使不能实现合同目的；

（2）在履行期限届满前，当事人一方明确表示或者以自己的行为表明不履行主要债务；

（3）当事人一方迟延履行主要债务，经催告后在合理期限内仍未履行；

（4）当事人一方迟延履行债务或者有其他违约行为致使不能实现合同目的；

（5）法律规定的其他情形。

此外，以持续履行的债务为内容的不定期合同，当事人可以随时解除合同，但是应当在合理期限之前通知对方。

（二）合同解除的效力

合同解除意味着原合同权利义务关系终止。合同解除后，尚未履行的，终止履行；已经履行的，根据履行情况和合同性质，当事人可以请求恢复原状或者采取其他补救措施，并有权请求赔偿损失。合同因违约解除的，解除权人可以请求违约方承担违约责任，但是当事人另有约定的除外。

二、《旅游法》关于合同解除的规定

（一）旅游者任意解除合同

合同一般不能随意解除。但是，《旅游法》第六十五条规定，旅游行程结束前，旅游者解除合同的，组团社应当在扣除必要的费用后，将余款退还旅游者。根据该条规定，旅游者在行程结束前实际上不需提供理由就可解除合同，因此，这也被称为旅游者任意解除合同。合同任意解除与一般合同法定解除的最大之不同在于，后者目的往往在于惩罚违约方而保护对方当事人，而前者则更着眼于保护具有任意解除权的一方。在《旅游法》的制定过程中，此种观点也成为在旅游合同中设置旅游者合同任意解除权的基本依据。《中华人民共和国旅游法释义》指出，旅游者在旅游行程结束前可以任意解除合同，是旅游合同的一大特点。其原因在于旅游者属于消费者，参加旅游是旅游者享有的一项权利，放弃旅游也是旅游者享有的一项权利。特别是在旅游合同从订立到履行结束前的这一段时期内，可能会出现一些旅游者难以预料也难以克服的意外情况，如突发疾病、家里发生急事、单位有紧急任务等，在这种情况下要求旅游者继续履行旅游合同，既不现实也不合情理，因此赋予旅游者任意解除旅游合同的权利。

（二）旅游者原因导致合同解除

《民法典》关于合同法定解除预留了"法律规定的其他情形"项。《旅游法》结合旅游活动的特点，从保护旅游者权益、维护公共安全等方面考虑，规定旅行社在旅游者特定条件下可以解除合同。具体包括以下几点。

1.旅游者患有传染病等疾病，可能危害其他旅游者健康和安全的。在团队游中，假使一人出现传染病，不仅会对同团的旅游者健康造成威胁，也很可能会影响到其他与之有接触的人员的健康。因此，此种情形下允许旅行社与之解除合同。我们认为，按照上述逻辑，旅游者患有其他疾病，虽不具有传染性，但对其他旅游者的健康和安全可能造成危害的，旅行社也应可以解除合同。譬如，旅游者存在精神方面的疾病可能危害其他旅游者的健康和安全。

2.旅游者携带危害公共安全的物品且不同意交有关部门处理的。一般而言，

"危害公共安全的物品"包括枪支、弹药、管制刀具或者爆炸性、易燃性、放射性、毒害性、腐蚀性物品等。旅游者携带上述危害公共安全的物品且不同意交有关部门处理的，为保护其他旅游者的人身安全，确保旅行的顺利，理应允许旅行社解除合同。

3. 旅游者从事违法或者违反社会公德的活动的。旅游者在旅游中应遵守法律规定自不待言，此外，根据《旅游法》第十三条规定，旅游者在旅游活动中还应当遵守社会公共秩序和社会公德。旅游者从事违法或者违反社会公德的活动不仅没有履行守法遵德的法律义务，还给社会秩序带来了不良的影响。

4. 旅游者从事严重影响其他旅游者权益的活动，且不听劝阻、不能制止的。在团队游中，旅游者的上述行为很可能影响到原定旅游行程，进而影响其他旅游者的旅游活动和旅游体验。例如，行程中某旅游者与旅行社发生纠纷或者与其他旅游者发生肢体冲突，经劝说无效，采取拒绝登机（车、船）的行为。

除上述四种情形外，其他有关法律规定旅行社在某些情形下可以解除合同的，依照其规定。

（三）旅游行程中旅游服务合同解除后旅行社的协助义务

旅游活动一般是异地活动，旅游者对旅游目的地的情况一般较为陌生，因此，如若是旅游行程中解除旅游服务合同，旅游者有可能陷入一定的困境。基于此，《旅游法》第六十八条规定，旅游行程中解除合同的，旅行社应当协助旅游者返回出发地或者旅游者指定的合理地点。由于旅行社或者履行辅助人的原因导致合同解除的，返程费用由旅行社承担。

第六节　旅游服务合同的违约责任

一、违约责任概述

所谓违约责任，是指违反合同的民事责任，也就是合同当事人因违反合同义务所承担的责任。

（一）违约责任与合同义务的关系

违约责任与合同义务相互关联。违约责任是当事人一方不履行合同义务或者履行合同义务不符合约定所应当承担的后果。违约责任以合同义务的存在为前提，违约责任是合同义务的转化和延伸。合同义务是第一性义务，而违约责任是第二性义务，两者具有同一性，无合同义务即无违约责任。

违约责任与合同义务也有明显区别。违约责任是国家凭借法律强制力，强制债务人履行债务或者承担其他责任，违约责任与诉权联系在一起，共同确保合同权利的实现。因此，虽然存在合同义务，但在合同当事方自觉全面履行己方义务的情况下，并不产生违约责任，出现了债务人和责任的分离。

（二）违约责任的承担方式

根据《民法典》第五百七十七条规定，当事人一方不履行合同义务或者履行合同义务不符合约定的，应当承担继续履行、采取补救措施或者赔偿损失等违约责任。违约责任是一种财产责任，并非人身责任，因此不能采取非法拘禁、扣押人身的责任方式，而只能是继续履行、采取补救措施或者赔偿损失等财产责任方式。

（三）违约责任的归责原则

所谓归责，就是将责任归属于某人；所谓归责原则，就是将责任归属于某人的正当理由。如果将责任归属于某人的正当理由是该人具有过错，需要证明该人具有过错，这就是过错归责原则；如果将责任归属某人无须证明该人具有过错，但该人可以通过证明自己没有过错而免责，这就是过错推定原则；如果将责任归属于某人不以该人具有过错为前提，即使该人证明自己没有过错仍然要承担责任，除非其能够证明自己具有法定的免责事由，这就是无过错归责原则。

我国《民法典》在关于违约责任归责原则的选择上，顺应了国际上的发展趋势，即在违约责任的一般构成中不考虑过错，非违约方只需要证明违约方存在违约行为即可，不因为违约方主观上无过错而免除其违约责任，这有利于减轻非违约方的举证负担，保护非违约方的利益，方便裁判，且有利于增强当事人的守约意识。

但是，为了妥当地平衡行为人的行为自由和受害人的法益保护这两方面的价值，避免由违约方绝对地承担违约责任所导致的风险不合理分配，《民法典》仍规定了一些可免除或减轻违约责任的平衡规则。例如，当事人一方因不可抗力不能履行合同的，可根据不可抗力的影响部分或全部免除责任；当事人一方违约造成对方损失，对方对损失的发生也有过错的，可以相应的减少损失赔偿额；当事人一方违约后，对方应当采取适当措施防止损失的扩大，否则无权就因没有采取适当措施致使扩大的损失请求赔偿等。

二、包价旅游服务合同违约责任的承担方式

（一）继续履行

所谓继续履行，是指违约方根据合同相对方的请求继续履行合同规定的义务的违约责任形式。在包价旅游服务合同中，不论旅行社一方，还是旅游者一方，不履行包价旅游服务合同义务或者履行合同义务不符合约定的，均应当依法承担继续履行等违约责任。

需要注意的是，若未全面履行的合同义务属金钱债务，如旅游者未按时足额支付旅游费用的，旅行社作为守约方当然有权要求旅游者承担继续给付的违约责任。但若未全面履行的合同义务系非金钱债务，则必须以非金钱债务能够继续履行为前提。当然，即使债权人不能请求债务人继续履行，但其仍然有权依法请求债务人承担其他违约责任，尤其是赔偿损失。

不能请求继续履行非金钱债务的具体情形包括以下几方面。

一是法律上或者事实上不能履行。所谓法律上不能履行，指的是基于法律规定而不能履行，或者履行将违反法律的强制性规定。例如，甲将其房屋卖给乙，但未交付和办理移转登记，之后甲又将同一处房屋卖给丙，并将房屋交付给丙，且办理了移转登记，此时由于甲已经丧失了所有权，因此在法律上无处分权，无

法履行对乙所负有的移转房屋所有权的合同义务,这即属于法律上不能履行,乙此时就不能请求甲继续履行,而只能请求甲赔偿损失。

二是债务的标的不适于强制履行或者履行费用过高。债务的标的不适于强制履行,指依据债务的性质不适合强制履行,或者执行费用过高。例如,旅行社与旅行者签订的包价旅游服务合同中约定了明确的旅游项目安排,但在实际履行过程中发生部分项目被漏游,如果要求旅行社继续履行合同,重新安排相关项目补游的,会对整个后续旅游行程产生影响,甚至造成回程机票改签、退票等过高费用支出。旅游者此时就不宜请求旅行社继续履行,但有权请求赔偿损失。

三是债权人在合理期限内未请求履行。履行合同义务需要债务人进行特定的准备和努力,如果履行期限已过,并且债权人未在合理期限内请求债务人继续履行,债务人则可能会推定债权人不再坚持继续履行。债权人在很长时间之后才请求继续履行,如果支持债权人的继续履行请求,会使债务人长期处于不确定状态之中,随时准备履行,且会诱使债权人的投机行为。因此,如果债权人在合理期限内未请求继续履行的,不能再请求继续履行。

（二）采取补救措施

所谓采取补救措施,是指违约方根据合同相对方的请求,矫正合同履行不符约定之处,使履行缺陷得以消除的违约责任形式。债务人履行合同义务不符合约定的,基于合同性质及内容的不同,合同相对方可以根据实际情况,要求债务人采取包括修理、重做、更换以及退货、减少价款或者报酬等在内的一项或多项补救措施。例如,旅行社安排的饭店低于合同约定的等级档次,经旅游者要求,旅行社重新安排符合约定标准的饭店住宿。又如,导游在导游过程中擅自离岗,造成旅游者无人负责的,旅行社为旅游者重新安排一位导游。

要注意的是,诸如修理、重做、更换这样的非金钱债务类型的补救措施,在其适用条件上同样也受到前述关于"继续履行"适用条件的同等限制。当这些补救方式事实上不能履行、履行费用过高以及债权人未在当事人约定期限或者合理期限内要求的,债权人也不能再请求以这些方式来进行补救,而只能请求履行方承担其他违约责任。

（三）赔偿损失

所谓赔偿损失，是指当事人一方不履行合同义务或者履行合同义务不符合约定，造成对方损失的，违约方根据对方当事人的请求进行赔偿的违约责任形式。赔偿损失与继续履行、采取补救措施的违约责任形式在实施、适用过程中并不矛盾。即便债务人在约定期间或者合理期间内已经继续履行或者采取了有效的补救措施，只要债权人还有其他损失的，债权人仍然可以请求债务人依法赔偿。

违约方应作赔偿的合同相对方损失主要包括：债务人最初的不履行合同义务或者履行合同义务不符合约定给债权人造成的损失；嗣后的不继续履行或者继续履行不符合约定给债权人造成的损失；债务人继续履行或者采取补救措施完毕前期间的迟延履行给债权人造成的损失；补救措施本身给债权人造成的损失；补救措施仍然无法弥补的债权人的损失（含合同签订时可预见的预期收益损失）。

在实践过程中，常见双方当事人在合同中设定违约责任条款时，约定一方违约时应当根据违约情况向相对方支付一定数额的违约金。违约金在本质上主要承载的就是"赔偿损失"这一违约责任形式的功能，即就债务人给合同相对方造成的损失进行赔偿。虽然部分违约金的数额或计算标准约定超出了合同相对方的实际损失，进而使违约金在赔偿功能之外，另具一定惩罚属性。根据《民法典》第五百八十五条所规定的司法酌增/减原则可知，违约金的赔偿功能仍系其本质属性。若约定的违约金低于造成的损失的，人民法院或者仲裁机构可以根据当事人的请求予以增加；约定的违约金过分高于造成的损失的，人民法院或者仲裁机构可以根据当事人的请求予以适当减少。

【案例分析】邵某、高某等旅游服务合同纠纷，（2022）陕01民终3123号

2018年12月25日，邵某与凯撒世嘉公司签订《团队出境旅游服务合同》，约定邵某、高某参加凯撒世嘉公司组织的"海钻石号"穿越南极圈＋南美三国23日旅行团，旅游费用合计189600元。合同第九条约定，出境社与旅游者双方协商一致，可变更本合同约定内容，但应以书面形式由双方签字确认，由此增加的旅游费用及给对方造成的损失，由变更提出方承担，由此减少的旅游费用，出境社应退还旅游者；行程中遇到不可抗力或者出境社、履行辅助人已尽合理注意义务仍不能避免的事件，影响旅游行程，合同不能完全履行的，旅行社经向旅游者做出说明，旅游者同意变更的，可在合理范围内变更合同，因此增加的费用由旅游者承担，减少的费用退还旅游者。行程单载明：预计2月11日在乌斯怀亚码头登上"海钻石号"游轮，2月14日穿越南极圈，2月20日抵达乌斯怀亚码头。

2019年2月12日，因船上乘客生病游轮返航。凯撒世嘉公司通过行程调整征询意见书的方式就行程变更征询游客意见，该意见书提出两套变更方案供大家选择。A方案：安排穿越南极圈行程，乘船巡游长城湾，预计安排一次登陆；B方案：放弃穿越南极圈行程，安排利马尔水道、浮冰广场、天堂湾、彼特门岛、登陆长城站，在时间和天气等条件允许的情况下增加巡游次数。后根据大多数游客意愿，行程调整为B方案并履行完毕。返程后，凯撒世嘉公司另向每位客户赠送3000元公司权益卡，可用于在其公司旅游消费使用。对此补偿方案，邵某、高某不予接受。故而向法院起诉，要求凯撒世嘉公司赔偿因未穿越南极圈及南极游览时间减少造成的损失6000元。

陕西省西安市中级人民法院认为，依法成立的合同，当事人均应当严格遵照履行自己的义务。本案行程发生变更的原因是由船上乘客突发急性胆囊炎，船上医疗条件不能满足治疗要求而需要返航造成的。在此种情况下，凯撒世嘉公司通过行程调整征询意见书的方式向旅游者做出说明，并就行程变更内容征询意见。行程变更后，双方依据变更后的行程单完成旅游活动，合同已实际履行。原合同有穿越南极圈的行程安排，变更后的合同放弃了该项内容。虽增加了其他活动安排，但根据行程手册可以看出，穿越南极圈为该次旅行的重要行程之一。根据案涉合同第九条之约定，因变更合同而减少的费用应退还旅游者，故对邵某、高某主张的赔偿旅游费6000元的诉讼请求予以支持。

本案例来自"中国裁判文书网（https://wenshu.court.gov.cn/）"。

课程思政点

1. 诚信。诚信原则被称为民法的"帝王条款"。从《民法典》关于合同订立、履行等规定也可以看出，诚信始终是民事主体应该遵循的基本准则，通过欺诈订立的合同可能被撤销，合同的履行也以诚信为基本原则之一。在社会交往过程中，每一个人都应该秉持诚信，真诚对待他人。违背诚信不仅会造成个人道德方面的负面评价，也有可能因不讲诚信承担相应的法律责任。

2. 平等。合同是民事主体之间设立、变更、终止民事法律关系的协议。民事主体地位平等，应相互尊重，任何一方不得强迫他方做出或不做出一定的行为，应该尊重对方的真实意思表示。合同当事一方或者第三人以胁迫手段，使合同相对方在违背真实意思的情况下签订的旅游服务合同，受胁迫方有权请求人民法院或者仲裁机构予以撤销。因此，在社会交往过程中平等对待他人不仅是一种美德，也是我们处理和他人关系时应该遵循的一项基本原则。

拓展深化题

1.《旅游法》第六十六条中规定，旅游者从事违法或者违反社会公德活动的，旅行社可以解除合同。的确，旅游者应该遵守社会公德，文明旅游。但是，社会公德这一概念的内涵极为丰富，有些违反社会公德的行为可能社会公众容忍度比较低，但是违反社会公德行为也包含了像随地吐痰、乱丢垃圾等这样一些生活中相对常见的行为。如果仅仅因为这些就允许旅行社解除合同，似乎在社会认知水平上很难得到认同。对此，你怎么看？

2.《旅游法》出于保护旅游者利益考量，允许旅游者行程结束前任意解除合同。正如《旅游法释义》所言，旅游合同从订立到履行结束前的这一段时期内，可能会出现一些旅游者难以预料也难以克服的意外情况，如突发疾病、家里发生急事、单位有紧急任务等，在这种情况下要求旅游者继续履行旅游合同，既不现实也不合情理。但是，我们也要看到，所谓的任意解除实际上并不需要理由，如果旅游者不是因为难以预料也难以克服的意外情况提出解除，那么，对于一个没有任何过错的旅行社来说，仅因旅游者具有任意解除权就使其丧失可能获得的经营利益，这样做是否真的合适？对此，你怎么看？

第六章 出境入境旅游法律制度

学习目标：

1. 了解中国公民出境入境管理制度；
2. 了解中国公民出国旅游相关管理制度；
3. 了解外国人入境出境相关管理制度；
4. 了解出入境检查、检验法律制度。

随着全球经济合作日益拓展，国家间的人员往来愈加密切。在此背景下，通过出入境旅游，体验不同国家和地区的风景、文化、习俗日益便利并逐渐成为潮流。出入境涉及国家的主权和领土安全，以及国家公民和外国人的合法权益保护等问题。针对出入境严格管理是国际上通行的做法，各国均制定了关于外国人以及本国公民出入境的法律法规。因此，作为旅游从业人员，有必要了解国家关于出境入境的相关法律制度，以及国家关于出境入境旅游的相关法律制度。

第一节 中国公民出境入境管理

改革开放以来，为适应形势发展需要，我国公民出入境相关法律法规不断完善。1985年，第六届全国人民代表大会常务委员会第十三次会议审议通过了《中华人民共和国公民出境入境管理法》。2012年6月，第十一届全国人民代表大会常务委员会第二十七次会议表决通过《中华人民共和国出境入境管理法》，《中华人民共和国公民出境入境管理法》同时废止。《中华人民共和国出境入境管理法》不仅对中国公民出境入境进行规范，同时也对外国人入境出境等进行了规范，成为当前我国出入境管理的主要法规。除此以外，《中华人民共和国海关法》（2017年修订）《中华人民共和国护照法》（2007年）《中华人民共和国普通护照和出入境通行证签发管理办法》（2011年修订）等法律法规也对出入境做出了相应规定，共同构成了我国公民出入境的规范体系。

一、中国公民出境入境的有效证件

根据《中华人民共和国出境入境管理法》规定，出境是指由中国内地前往其他国家或者地区，由中国内地前往香港特别行政区、澳门特别行政区，由中国大陆前往台湾地区。入境是指由其他国家或者地区进入中国内地，由香港特别行政区、澳门特别行政区进入中国内地，由台湾地区进入中国大陆。

中国公民出境入境的有效证件主要包括护照、旅行证、出入境通行证、往来港澳通行证、大陆居民往来台湾通行证、港澳居民来往内地通行证、台湾居民来往大陆通行证等。

（一）护照

护照是一种主权国家发放给本国公民出入国境和在国外的身份证明文件，中国护照就是中华人民共和国公民出入国边境以及在国外证明其身份和国籍的身份证件。

按照《中华人民共和国护照法》有关规定，公民因前往外国定居、探亲、学习、就业、旅行、从事商务活动、公务活动或外交等活动而出国的，本人需要向有关机关申请护照。

1. 护照的分类

根据外出的目的和使用者的不同，护照主要分为外交护照、公务护照和普通护照。

（1）外交护照。外交护照由外交部签发，主要发放给外交官员、领事官员及其随行配偶、未成年子女，外交信使等人员。其他公民出国执行公务也可根据情况申请外交护照。

（2）公务护照。公务护照主要发放给在中华人民共和国驻外使馆、领馆或者联合国、联合国专门机构以及其他政府间国际组织中工作的中国政府派出的职员及其随行配偶、未成年子女。其他公民出国执行公务也可根据情况申请公务护照。

（3）普通护照。普通护照主要发给前往国外定居、探亲、学习、就业、旅行、从事商务活动等非公务原因出国的公民。

此外，根据《中华人民共和国香港特别行政区基本法》《中华人民共和国澳门特别行政区基本法》，针对香港特别行政区、澳门特别行政区实际情况，我国还有中华人民共和国香港特别行政区护照和中华人民共和国澳门特别行政区护照，分别签发给中国籍香港特别行政区永久性居民，澳门特别行政区的永久性居民中的中国公民。

2.护照的申请和签发

出入境旅游主要用到普通护照。根据《中华人民共和国护照法》规定，公民申请普通护照，应当提交本人的居民身份证、户口簿、近期免冠照片以及申请事由的相关材料。其中，国家工作人员前往外国定居、探亲、学习、就业、旅行、从事商务活动等非公务原因出境申请普通护照的，还应当按照国家有关规定提交相关证明文件。

一般情况下，公民应向户籍所在地的县级以上地方人民政府公安机关出入境管理机构申请普通护照；未满十六周岁的公民，由其监护人陪同申请。值得注意的是，2018年以来，公安部、国家移民管理局为便捷公民出入境手续，在护照申请执行时允许跨地区异地申请普通护照，一般可以在户籍地外的经常居住地申请办理护照。

公安机关出入境管理机构一般情形下应当自收到申请材料之日起十五日内

签发普通护照；对不符合规定不予签发的，应当书面说明理由，并告知申请人享有依法申请行政复议或者提起行政诉讼的权利。在偏远地区或者交通不便的地区或者因特殊情况，不能按期签发护照的，经护照签发机关负责人批准，签发时间可以延长至三十日。此外，公民因出国奔丧、探望危重病人、紧急出国出境参加会议谈判、签订合同、出国留学报到时间临近、行前证件遗失损毁、前往国入境许可或者签证有效期即将届满的等合理紧急事由请求加急办理的，公安机关出入境管理机构应当及时办理。

普通护照的有效期为：护照持有人未满十六周岁的五年，十六周岁以上的十年。

3. 不予签发护照的情形

申请人有下列情形之一的，护照签发机关不予签发护照：

（1）不具有中华人民共和国国籍的；

（2）无法证明身份的；

（3）在申请过程中弄虚作假的；

（4）被判处刑罚正在服刑的；

（5）人民法院通知有未了结的民事案件不能出境的；

（6）属于刑事案件被告人或者犯罪嫌疑人的；

（7）国务院有关主管部门认为出境后将对国家安全造成危害或者对国家利益造成重大损失的。

申请人有下列情形之一的，护照签发机关自其刑罚执行完毕或者被遣返回国之日起六个月至三年以内不予签发护照：

（1）因妨害国（边）境管理受到刑事处罚的；

（2）因非法出境、非法居留、非法就业被遣返回国的。

（二）旅行证

短期出国的公民在国外发生护照遗失、被盗或者损毁不能使用等情形，应当向中华人民共和国驻外使馆、领馆或者外交部委托的其他驻外机构申请中华人民共和国旅行证。旅行证与护照一样能够证明公民的身份。

（三）往来港澳通行证

往来港澳通行证又称双程证，是由中华人民共和国移民管理局签发给中国内地居民因私往来香港或澳门地区旅游、探亲，从事商务、培训、就业、留学等活动的旅行证件，该证件目前可以全国通办。此外，去港澳前，公民还必须取得内地公安部门签发有关来港澳目的的签注。

未满十六周岁的往来港澳通行证有效期为5年，成年人往来港澳通行证有效期为10年。签注分为探亲签注（T）、商务签注（S）、团队旅游签注（L）、个人旅游签注（G）、其他签注（Q）和逗留签注（D）。持证人须在往来港澳通行证和签注有效期内，按照规定的次数和停留时限往来香港或者澳门。

（四）港澳居民来往内地通行证

港澳居民来往内地通行证，俗称回乡证，由中华人民共和国出入境管理局签发，是具中华人民共和国国籍的香港特别行政区及澳门特别行政区居民来往中国内地所用的证件。

申请人年满18周岁的，签发10年有效通行证；未满18周岁的，签发5年有效通行证。

（五）大陆居民往来台湾地区通行证

大陆居民前往台湾地区定居、探亲、访友、旅游、接受和处理财产、处理婚丧事宜或者参加经济、科技、文化、教育、体育、学术等活动，须持有大陆居民往来台湾地区通行证及有效签注前往。公安机关受理大陆居民前往台湾地区的申请应当在30日内，地处偏僻、交通不便的应当在60日内做出批准或者不予批准的决定。紧急的申请，应当随时办理。大陆居民往来台湾地区通行证有效期为10年。大陆居民往来台湾地区通行证实行逐次签注，签注分一次往返有效和多次往返有效。

（六）台湾地区居民来往大陆通行证

台湾地区居民来往大陆通行证也称台胞证，是我国台湾地区居民往来大陆地区所须持有的证件。台胞证分为5年有效和3个月一次有效两种。值得注意的是，为了促进台胞与大陆居民的交流，维护台胞的利益，从 2015 年 7 月 1 日起，台湾居民无须办理签注，持有效的台湾地区居民来往大陆通行证即可经开放口岸出入境大陆并在大陆停居留。

（七）出入境通行证

《中华人民共和国护照法》第二十四条规定："公民从事边境贸易、边境旅游服务或者参加边境旅游等情形，可以向公安部委托的县级以上地方人民政府公安机关出入境管理机构申请中华人民共和国出入境通行证"。

公安机关出入境管理机构一般情形下应当自受理申请材料之日起 15 日内审批签发并制做出入境通行证。公民有出国奔丧、探望危重病人的，前往国入境许可或者签证有效期即将届满的等紧急事由的，可申请加急办理出入境通行证。申请加急办理获批的，签发机关应当在五个工作日内审批签发并制做出入境通行证。

（八）签证

签证是一国政府机关依照本国法律规定，为申请进入本国或是经过本国的外国人签发的一种许可证明。根据国际法规则，任何一主权国家有权自主决定是否允许外国人入出其国家，有权依照本国法律颁发签证、拒发签证或者对已经签发的签证宣布吊销。

签证通常是附载于申请人所持的护照或其他国际旅行证件上。在特殊情况下，凭有效护照或其他国际旅行证件可做在另纸上。随着科技的进步，有些国家已经开始签发电子签证和生物签证，大大增强了签证的防伪功能。

世界各国的签证一般分为入境签证和过境签证两个类别，有的国家还有出境签证。入境签证是准予持证人在规定的期限内，由对外开放或指定的口岸进入该国国境的签证。过境签证是准予持证人在规定的期限内，由对外开放或指定的口岸经过该国国境前往第三国的签证。要取得过境签证，须事先获取目的地国家的有效入境签证或许可证明（免签国家除外）。按国际惯例，有联程机票，在 24 小时之内不出机场直接过境人员一般免办签证，但部分国家仍要求过境本国的外国人办理过境签证。

各国签证的种类多又不尽相同。根据持照人身份、所持护照种类和访问事由不同，一般将签证分为外交签证、礼遇签证、公务（官员）签证和普通签证四种。有的国家根据来访者的事由将签证分为旅游、访问、工作、学习、定居等类别。

我国公民前往与我国订有互免签证协议的国家旅游，可以免办入境签证，前往与我国订有落地签证协议的国家，可以在前往国的入境口岸办理签证。

二、中国公民出国旅游管理制度

为规范出国旅游，促进出国旅游健康发展，我国对出国旅游实行出国旅游目的地审批制度、出国旅游业务经营审批制度和出国旅游人数总量控制制度。

（一）出国旅游目的地审批制度

根据《中国公民出国旅游管理办法》规定，为了规范旅行社组织中国公民出国旅游活动，保障出国旅游者和出国旅游经营者的合法权益，我国实行出国旅游的目的地国家事先审批制，由国务院旅游行政部门会同国务院有关部门提出，报国务院批准后，由国务院旅游行政部门对外公布。

任何单位和个人不得组织中国公民到国务院旅游行政部门公布的出国旅游的目的地国家以外的国家旅游；组织中国公民到国务院旅游行政部门公布的出国旅游目的地国家以外的国家进行涉及体育活动、文化活动等临时性专项旅游的，须经国务院旅游行政部门批准。

作为中国公民出国旅游的目的地，一般应当考虑如下条件：

（1）是我国的客源国，有利于双方旅游合作与交流；

（2）政治上对我国友好，开展国民外交符合我国对外政策；

（3）旅游资源具有吸引力，具备适合我国旅游者的接待服务设施；

（4）对我国旅游者在政治、法律等方面没有歧视性、限制性、报复性政策；

（5）旅游者有安全保障，具有良好的可进入性。

（二）出国旅游业务经营审批制度

《中国公民出国旅游管理办法》规定，旅行社经营出国旅游业务，应当具备下列条件：

（1）取得国际旅行社资格满1年；

（2）经营入境旅游业务有突出业绩；

（3）经营期间无重大违法行为和重大服务质量问题。

值得注意的是，根据《旅行社条例》（2020年11月第3次修订）第八条规定，旅行社取得经营许可满两年，且未因侵害旅游者合法权益受到行政机关罚款以上处罚的，就可以申请经营出境旅游业务。《旅行社条例》不仅在出境旅游经营的审批条件上做了调整，同时在审批权限的设置上也进行了较大的调整。《中国公民出国旅游管理办法》规定，申请经营出国旅游业务的旅行社须报国务院旅游行政部门批准。《旅行社条例》第九条则规定，申请经营出境旅游业务的，既可向国务院旅游行政主管部门提出申请，也可向国务院旅游行政主管部门委托的省、自治区、直辖市旅游行政管理部门提出申请，受理申请的旅游行政管理部门应当自受理申请之日起20个工作日内做出许可或者不予许可的决定。

未取得出国旅游业务经营资格的，任何单位和个人不得擅自经营，或者以商务、考察、培训等方式变相经营出国旅游业务。

根据《中国公民出国旅游管理办法》第25条规定，组团社有下列情形之一的，旅游行政部门可以暂停其经营出国旅游业务；情节严重的，取消其出国旅游业务经营资格：

（1）入境旅游业绩下降的；

（2）因自身原因，在1年内未能正常开展出国旅游业务的；

（3）因出国旅游服务质量问题被投诉并经查实的；

（4）有逃汇、非法套汇行为的；

（5）以旅游名义弄虚作假，骗取护照、签证等出入境证件或者送他人出境的；

（6）国务院旅游行政部门认定的影响中国公民出国旅游秩序的其他行为。

（三）出国旅游人数总量控制制度

国务院旅游行政部门根据上年度全国入境旅游的业绩、出国旅游目的地的增加情况和出国旅游的发展趋势，在每年的2月底以前确定本年度组织出国旅游的人数安排总量,并下达给省、自治区、直辖市旅游行政部门。

省、自治区、直辖市旅游行政部门根据本行政区域内各组团社上年度经营入境旅游的业绩、经营能力、服务质量,按照公平、公正、公开的原则,在每年的3月底以前核定各组团社本年度组织出国旅游的人数安排。国务院旅游行政部门应当对省、自治区、直辖市旅游行政部门核定组团社年度出国旅游人数安排及组团社组织公民出国旅游的情况进行监督。

为了贯彻出国旅游人数总量控制的原则,国务院旅游行政部门统一印制《中国公民出国旅游团队名单表》(以下简称《名单表》)。在下达本年度出国旅游人数安排时编号发放给省、自治区、直辖市旅游行政部门,由省、自治区、直辖市旅游行政部门核发给组团社。组团社应当按照核定的出国旅游人数安排组织出国旅游团队,填写《名单表》。旅游者及领队首次出境或者再次出境,均应当填写在《名单表》中,经审核后的《名单表》不得增添人员。

《名单表》一式四联,分为:出境边防检查专用联、入境边防检查专用联、旅游行政部门审验专用联、旅行社自留专用联。组团社应当按照有关规定,在旅游团队出境、入境时及旅游团队入境后,将《名单表》分别交有关部门查验、留存。

(四)出国旅游团队出入境的有关规定

为了规范出国旅游团队出入境管理,旅游团队应当从国家开放口岸整团出入境。旅游团队出境前已确定分团入境的,组团社应当事先向出入境边防检查总站或者省级公安边防部门备案。旅游团队出境后因不可抗力或者其他特殊原因确需分团入境的,领队应当及时通知组团社,组团社应当立即向有关出入境边防检查总站或者省级公安边防部门备案。

第二节 外国人出境入境管理

改革开放后,越来越多的外国人进入我国,除公务、经济交往外,入境旅游也是外国人进入我国的一个重要原因。为保护外国人在华合法权益及维护国家的主权和安全，我国制定了一系列关于外国人入境出境的法律法规，外国人入境、出境管理日益完善。

一、外国人入境签证制度

（一）签证的类别

外国人入境应当向驻外签证机关申请办理签证。签证分为外交签证、礼遇签证、公务签证、普通签证。对因外交、公务事由入境的外国人，签发外交、公务签证；对因身份特殊需要给予礼遇的外国人，签发礼遇签证；对因工作、学习、探亲、旅游、商务活动、人才引进等非外交、公务事由入境的外国人，签发相应类别的普通签证。

普通签证分为以下类别，并在签证上标明相应的汉语拼音字母。

1.C 字签证，发给执行乘务、航空、航运任务的国际列车乘务员、国际航空器机组人员、国际航行船舶的船员及船员随行家属和从事国际道路运输的汽车驾驶员。

2.D 字签证，发给入境永久居留的人员。

3.F 字签证，发给入境从事交流、访问、考察等活动的人员。

4.G 字签证，发给经中国过境的人员。

5.J1 字签证，发给外国常驻中国新闻机构的外国常驻记者；J2 字签证，发给入境进行短期采访报道的外国记者。

6.L 字签证，发给入境旅游的人员；以团体形式入境旅游的，可以签发团体 L 字签证。

7.M 字签证，发给入境进行商业贸易活动的人员。

8.Q1 字签证，发给因家庭团聚申请入境居留的中国公民的家庭成员和具有中国永久居留资格的外国人的家庭成员，以及因寄养等原因申请入境居留的人员；Q2 字签证，发给申请入境短期探亲的居住在中国境内的中国公民的亲属和具有中国永久居留资格的外国人的亲属。

9.R字签证，发给国家需要的外国高层次人才和急需紧缺专门人才。

10.S1字签证，发给申请入境长期探亲的因工作、学习等事由在中国境内居留的外国人的配偶、父母、未满18周岁的子女、配偶的父母，以及因其他私人事务需要在中国境内居留的人员；S2字签证，发给申请入境短期探亲的因工作、学习等事由在中国境内停留居留的外国人的家庭成员，以及因其他私人事务需要在中国境内停留的人员。

11.X1字签证，发给申请在中国境内长期学习的人员；X2字签证，发给申请在中国境内短期学习的人员。

12.Z字签证，发给申请在中国境内工作的人员。

外国人申请办理签证，应当向中国驻外签证机关提交本人的护照或者其他国际旅行证件，以及申请事由的相关材料，按照驻外签证机关的要求办理相关手续、接受面谈。

（二）不予签发签证的情形

外国人有下列情形之一的，不予签发签证。

1. 被处驱逐出境或者被决定遣送出境，未满不准入境规定年限的。

2. 患有严重精神障碍、传染性肺结核病或者有可能对公共卫生造成重大危害的其他传染病的。

3. 可能危害中国国家安全和利益、破坏社会公共秩序或者从事其他违法犯罪活动的。

4. 在申请签证过程中弄虚作假，或者不能保障在中国境内期间所需费用的。

5. 不能提交签证机关要求提交的相关材料的。

6. 签证机关认为不宜签发签证的其他情形。

对不予签发签证的，签证机关可以不说明理由。

（三）免办签证的情况

外国人有下列情形之一的，可以免办签证。

1. 根据中国政府与其他国家政府签订的互免签证协议，属于免办签证人员的。

2. 持有效的外国人居留证件的。

3. 持联程客票搭乘国际航行的航空器、船舶、列车从中国过境前往第三国或者地区，在中国境内停留不超过24小时且不离开口岸，或者在国务院批准的特定区域内停留不超过规定时限的。

4. 国务院规定的可以免办签证的其他情形。

二、外国人出入境限制

外国人入境、过境和在中国境内居留，必须经中国政府相应的主管机关许可。在中国境内应当遵守中国的法律，不得危害中国国家安全、损害社会公共利益、破坏社会公共秩序。

1. 外国人不准入境的情形

（1）未持有效出境入境证件或者拒绝、逃避接受边防检查的。

（2）具有被处驱逐出境或者被决定遣送出境，未满不准入境规定年限的；患有严重精神障碍、传染性肺结核病或者有可能对公共卫生造成重大危害的其他传染病的；可能危害我国国家安全和利益、破坏社会公共秩序或者从事其他违法犯罪活动的；在申请签证过程中弄虚作假或者不能保障在中国境内期间所需费用的。

（3）入境后可能从事与签证种类不符的活动的。

（4）法律、行政法规规定不准入境的其他情形。

对不准入境的，出入境边防检查机关可以不说明理由。对未被准许入境的外国人，出入境边防检查机关应当责令其返回；对拒不返回的，强制其返回。外国人等待返回期间，不得离开限定的区域。

2. 外国人不准离境的情形

（1）被判处刑罚尚未执行完毕或者属于刑事案件被告人、犯罪嫌疑人的（按照中国与外国签订的有关协议，移管被判刑人的除外）。

（2）有未了结的民事案件，人民法院决定不准出境的。

（3）拖欠劳动者的劳动报酬，经国务院有关部门或者省、自治区、直辖市人民政府决定不准出境的。

（4）法律、行政法规规定不准出境的其他情形。

第三节　出入境检查制度

出入境检查监督制度是指有关国家机关根据法律法规对出入境人员的证件、行李物品等进行的检查、检验制度，旨在维护国家安全和发展利益。我国的检查监督制度可以概括为"一关四检"制，一关指的是海关检查；"四检"指的是安全检查、边防检查、卫生检疫和动植物检疫制度。

一、海关检查制度

海关是依据法律、行政法规行使一国或地区进出口管理、审批检查等职责的国家机关，是一个国家的主要主权体现之一。在我国分为海关和路关，但统称为海关。在中央层面，由国务院设立的海关总署统一管理全国海关；地方层面，一般设置在对外开放的口岸和海关监管业务集中的地点；海关依法独立行使职权，不受行政区划限制，向海关总署负责。

（一）海关检查的主要内容

根据《海关法》规定，我国海关检查的主要内容为三类：进出境运输工具、进出境货物和进出境物品。

1. 进出境物品

根据《海关法》规定，个人携带进出境的行李物品、邮寄进出境的物品，应当以自用、合理数量为限，并接受海关监管；进出境物品的所有人应当向海关如实申报，并接受海关查验。海关加施的封志，任何人不得擅自开启或者损毁。经海关登记准予暂时免税进境或者暂时免税出境的物品，应当由本人复带出境或者复带进境；过境人员未经海关批准，不得将其所带物品留在境内。

根据《中华人民共和国海关对中国籍旅客进出境行李物品的管理规定》，中国籍旅客携运进境的行李物品，在《中国籍旅客带进物品限量表》（简称《限量表》，如下表所示）规定的征税或免税物品品种、限量范围内的，海关准予放行，并分别验凭旅客有效出入境旅行证件及其他有关证明文件办理物品验放手续；对不满16周岁者，海关只放行其旅途需用的《限量表》第一类物品。

中国籍旅客带进物品限量表

类 别	品 种	限 量
第一类物品	衣料、衣着、鞋、帽、工艺美术品和价值人民币1000元以下（含1000元）的其他生活用品	自用合理数量范围内免税，其中价值人民币800元以上、1000元以下的物品每种限一件
第二类物品	烟草制品 酒精饮料	（1）香港、澳门地区居民及因私往来香港、澳门地区的内地居民，免税香烟200支，或雪茄50支，或烟丝250克；免税12度以上酒精饮料限1瓶（0.75升以下） （2）其他旅客，免税香烟400支，或雪茄100支，或烟丝500克；免税12度以上酒精饮料限2瓶（1.5升以下）
第三类物品	价值人民币1000元以上，5000元以下（含5000元）的生活用品	（1）驻境外的外交机构人员、出国留学人员和访问学者、赴外劳务人员和援外人员，连续在外每满180天（其中留学人员和访问学者物品验放时间从注册入学之日起算至毕业结业之日止），远洋船员在外每满120天任选其中1件免税 （2）其他旅客每公历年度内进境可任选其中1件征税

注：①本表所称进境物品价值以海关审定的完税价格为准；

②超出本表所列最高限值的物品，另按有关规定办理；

③根据规定可免税带进的第三类物品，同一品种物品公历年度内不得重复；

④对不满16周岁者，海关只放行其旅途需用的第一类物品；

⑤本表不适用于短期内多次来往香港、澳门地区旅客和经常进出境人员以及边境地区居民。

2. 进出境运输工具

进出境船舶、火车、航空器到达和驶离时间、停留地点、停留期间更换地点以及装卸货物、物品时间，运输工具负责人或者有关交通运输部门应当事先通知海关；运输工具装卸进出境货物、物品或者上下进出境旅客，应当接受海关监管。货物、物品装卸完毕，运输工具负责人应当向海关递交反映实际装卸情况的交接单据和记录。上下进出境运输工具的人员携带物品的，应当向海关如实申报，并接受海关检查。

3. 进出境货物

根据《海关法》规定，进口货物的收货人、出口货物的发货人应当向海关如实申报，交验进出口许可证件和有关单证；国家限制进出口的货物，没有进出口许可证件的不予放行。

进口货物的收货人应当自运输工具申报进境之日起 14 日内，出口货物的发货人除海关特准的以外，应当在货物运抵海关监管区后、装货的 24 小时以前，向海关申报。进口货物的收货人超过前款规定期限向海关申报的，由海关征收滞报金。按照法律、行政法规、国务院或者海关总署规定暂时进口或者暂时出口的货物，应当在 6 个月内复运出境或者复运进境；需要延长复运出境或者复运进境期限的，应当根据海关总署的规定办理延期手续。

（二）"红绿通道"通关制度

为了简化海关手续，方便旅客进出境，1989 年制定并发布了《关于进出境旅客选择红绿通道通关的规定》。红绿通道制度，主要施行于我国主要的空港海关和旅客流量大的其他海关。红绿通道是国际上许多国家的海关对旅客行李通用的一种验放制度，是进出境旅客在海关规定范围内自行申报并选择通道办理海关手续的一种制度，它也被称为申报或无申报通道通关制度。实施红绿通道通关制度的海关，在旅客行李物品检查场所设置通道，在通道前，用中英文分别标明"红色通道"（申报通道 Goods to Declare）和"绿色通道"（无申报通道 Nothing to Declare）；前者标志为红色正方形，后者为绿色正八角形。

二、安全检查制度

安全检查制度是为了保证旅客生命和财产安全,禁止携带武器、凶器和爆炸物品,采用安全门磁性检测、红外线透视、搜身、开箱检查等方法对旅客进行的安全检查。安全检查不存在任何特殊的免检对象。

三、边防检查制度

根据《中华人民共和国出境入境边防检查条例》(以下简称《边防检查条例》)的规定,中国出境、入境边防检查工作由公安部主管,在对外开放的港口、航空港、车站和边境通道等口岸设立出境入境边防检查站(以下简称边防检查站),边防检查站主要承担维护国家主权、安全和社会秩序的职责。

1. 人员的检查和管理

出境、入境人员必须按照规定填写出境、入境登记卡,向边防检查站交验本人的有效护照或者其他出境、入境证件(以下简称出境、入境证件),经查验核准后,方可出境、入境。

出境、入境人员有下列情形之一的,边防检查站有权阻止其出境、入境。

(1)未持出境、入境证件的;

(2)持用无效出境、入境证件的;

(3)持用他人出境、入境证件的;

(4)持用伪造或者涂改的出境、入境证件的;

(5)拒绝接受边防检查的;

(6)未在限定口岸通行的;

(7)国务院公安部门、国家安全部门通知不准出境、入境的;

(8)法律、行政法规规定不准出境、入境的。

出境、入境的人员有前款第(3)项、第(4)项或者中国公民有前款第(7)项、第(8)项所列情形之一的,边防检查站可以扣留或者收缴其出境、入境证件。

2. 交通运输工具的检查和监护

出境、入境的交通运输工具离、抵口岸时，必须接受边防检查。对交通运输工具的入境检查，在最先抵达的口岸进行，出境检查，在最后离开的口岸进行。在特殊情况下，经主管机关批准，对交通运输工具的入境、出境检查，也可以在特许的地点进行。出境、入境的交通运输工具在中国境内必须按照规定的路线、航线行驶。外国船舶未经许可不得在非对外开放的港口停靠。出境的交通运输工具自出境检查后到出境前，入境的交通运输工具自入境后到入境检查前，未经边防检查站许可，不得上下人员、装卸物品。

3. 行李物品、货物的检查

边防检查站根据维护国家安全和社会秩序的需要，可以对出境、入境人员携带的行李物品和交通运输工具载运的货物进行重点检查。

出境、入境的人员和交通运输工具不得携带、载运法律、行政法规规定的危害国家安全和社会秩序的违禁物品。携带、载运违禁物品的，边防检查站应当扣留违禁物品，对携带人、载运违禁物品交通工具负责人依照有关法律、行政法规的规定处理。

任何人不得非法携带属于国家秘密的文件、资料和其他物品出境。非法携带属于国家秘密的文件、资料和其他物品的，边防检查站应当予以收缴，对携带人依照有关法律、行政法规的规定处理。

出境、入境的人员携带或者托运枪支、弹药，必须遵守有关法律、行政法规的规定，向边防检查站办理携带或者托运手续；未经许可，不得携带、托运枪支、弹药出境、入境。

四、卫生检疫制度

卫生检疫制度是指卫生检疫机关依据法律法规，对入出国境人员及其携带的动物、植物和交通工具等实施传染病检疫、检测和卫生监督的制度。根据《中华人民共和国国境卫生检疫法》《中华人民共和国国境卫生检疫法实施细则》（以下简称《国境检疫法细则》）规定，入境、出境的人员、交通工具、运输设备以及可能传播传染病的行李、货物、邮包等物品，都应当接受检疫，经国境卫生检疫机关许可，方准入境或者出境。国境卫生检疫机关，一般设置在中国国际通航的港口、机场以及陆地边境和国界江河的口岸（以下简称国境口岸）。

（一）检疫

入境的交通工具和人员，必须在最先到达的国境口岸的指定地点接受检疫。除引航员外，未经国境卫生检疫机关许可，任何人不准上下交通工具，不准装卸行李、货物、邮包等物品；出境的交通工具和人员，必须在最后离开的国境口岸接受检疫。

在国境口岸发现检疫传染病、疑似检疫传染病，或者有人非因意外伤害而死亡并死因不明的，国境口岸有关单位和交通工具的负责人应当立即向国境卫生检疫机关报告，并申请临时检疫。

国境卫生检疫机关对检疫传染病染疫人必须立即隔离，隔离期限根据医学检查结果确定；对检疫传染病染疫嫌疑人应当将其留验，留验期限根据该传染病的潜伏期确定。因患检疫传染病而死亡的尸体，必须就近火化。

国境卫生检疫机关对来自疫区的、被检疫传染病污染的或者可能成为检疫传染病传播媒介的行李、货物、邮包等物品，应当进行卫生检查，实施消毒、除鼠、除虫或者其他卫生处理。入境、出境的尸体、骸骨的托运人或者其代理人，必须向国境卫生检疫机关申报，经卫生检查合格后，方准运进或者运出。

国境卫生检疫机关依据检疫医师提供的检疫结果，对未染有检疫传染病或者已实施卫生处理的交通工具，签发入境检疫证或者出境检疫证。

（二）传染病检测

国境卫生检疫机关对入境、出境的人员实施传染病监测，并且采取必要的预防、控制措施；有权要求入境、出境的人员填写健康申明卡，出示某种传染病的预防接种证书、健康证明或者其他有关证件。

对患有监测传染病的人、来自国外监测传染病流行区的人或者与监测传染病人密切接触的人，国境卫生检疫机关应当区别情况，发给就诊方便卡，实施留验或者采取其他预防、控制措施，并及时通知当地卫生行政部门。各地医疗单位对持有就诊方便卡的人员，应当优先诊治。

在国境口岸以及停留在国境口岸的交通工具上，发现检疫传染病、疑似检疫传染病，或者有人因非意外伤害而死亡并死因不明时，国境口岸有关单位以及交通工具的负责人，应当立即向卫生检疫机关报告。卫生检疫机关发现检疫传染病、监测传染病、疑似检疫传染病时，应当向当地卫生行政部门和卫生防疫机构通报。发现检疫传染病时，应当立即向国务院卫生行政部门报告。当地卫生防疫机构发现检疫传染病、监测传染病时，应当向卫生检疫机关通报。

（三）卫生监督

国境卫生检疫机关根据国家规定的卫生标准，对国境口岸的卫生状况和停留在国境口岸的入境、出境的交通工具的卫生状况实施卫生监督。国境卫生检疫机关设立国境口岸卫生监督员，执行国境卫生检疫机关交给的任务；卫生监督员在执行任务时，有权对国境口岸和入境、出境的交通工具进行卫生监督和技术指导，对卫生状况不良和可能引起传染病传播的因素提出改进意见，协同有关部门采取必要的措施，进行卫生处理。

课程思政点

1.爱国。出入境管理是维护国家主权和安全的必要举措。从我国相关法律法规可知，国家对外国人入境签证、限制入境、限制出境等相关规定，都是从维护国家利益出发所采取的必要举措。就国人出境旅游而言，爱国也应是国人应该注意的"首选项"。国人出境旅游，其言行举止反映的是国人素养和精神面貌，任何不道德的行为都是给"中国形象"抹黑。旅行社、领队等有引导之义务，国人更应自觉约束自身行为，展现中国人的良好形象。

2. 敬业。出入境管理其实也是"守境戍边"。海关检查、边防检查、卫生检验检疫检查等每一项工作都关乎国家安全、人民生命财产安全。譬如传染病的检查工作，任何的疏忽可能都导致人民生命健康受到威胁。因此，在这样的工作岗位上，敬业是最基本的要求，也是最重要的要求。习近平总书记提出，实现"两个一百年"奋斗目标，需要"撸起袖子加油干"。我们所从事的每一项工作，都不仅仅是个人谋生的需要，踏实做好自己的工作也是对社会的一种贡献。无论身处何种岗位，我们都应该爱岗敬业。

拓展与深化题

1. 在经营出国旅游业务审批中，《旅行社条例》规定的条件相比《中国公民出国旅游管理办法》，一个较为明显的变化就是不再有"经营入境旅游业务有突出业绩"的要求。从这一变化来看，似乎淡化了旅行社经营入境旅游业务业绩与经营出国旅游之间的联系。但是，我们看到，在分配年度出国旅游人数额度时，组团社上年度经营入境旅游的业绩是一个重要的参考因素。那么，旅行社经营入境旅游业务业绩与经营出国旅游业绩之间是否存在必然的联系？如果有联系，这种联系的逻辑是什么？将组团社上年度经营入境旅游的业绩作为分配依据是否合理？

2. 根据《中国公民出国旅游管理办法》分配组团社年度出国旅游人数时应该遵循公平、公正、公开的原则。具体的分配依据包括组团社上年度经营入境旅游的业绩、组团社经营能力、组团社服务质量三个方面。除业绩容易量化外，组团社经营能力、组团社服务质量没有明确的评价指标，从公平、公正的要求来看，显然需要对这两个方面有较为全面客观的评价。那么，你认为组团社经营能力、组团社服务质量应该如何评价才更加科学合理？

第七章 旅游安全管理政策法规

学习目标：

① 了解旅游安全的概念、特征及旅游安全突发事件的主要表现形式等；

② 了解我国旅游安全管理政策法规概况；

③ 了解不同主体的旅游安全管理责任；

④ 了解旅游安全风险提示制度、旅游安全突发事件的处置要求。

安全是旅游业的生命线，是旅游业发展的基础和保障。旅游业发展的事实证明，没有安全便没有旅游。2003年非典疫情给旅游业带来的冲击历历在目，2020年发生的新冠疫情更是让旅游业经历了漫长的"寒冬"岁月。旅游安全事故的出现，不仅影响旅游活动的顺利进行，而且可能危及旅游者生命和财产安全。在某些特定的情况下，还可能会损害国家的旅游声誉，阻碍旅游业发展。强化旅游安全意识，了解旅游安全知识是每一个旅游业从业人员应该具备的基本素养。

第一节　旅游安全管理概述

一、旅游安全概述

（一）旅游安全的含义

旅游安全是旅游活动中各相关主体的一切安全现象的总称。它包括旅游活动各环节的相关现象，也包括旅游活动中涉及的人、设备、环境等相关主体的安全现象；既包括旅游活动中的安全观念、意识培育、思想建设与安全理论等上层建筑，也包括旅游活动中安全的防控、保障与管理等物质基础。

（二）旅游安全的特点

1. 安全风险来源的广泛性。旅游涉及"吃、住、行、游、购、娱"等6个方面的内容，相比其他行业，链条更长，每一个环节都可能出现风险。食品安全、交通安全、财物安全等都是旅游要面对的问题。因此，旅游安全管理是一个需要多方主体参与的系统性工程。

2. 安全风险防控的复杂性。旅游活动是一种开放性活动，而旅游企业正是为开放性活动提供各种服务的企业。例如，旅游饭店作为一个公共场所，每天有大量的人流，饭店安全管理涉及的环节和人员复杂众多。因此，旅游安全工作具有极大的复杂性，除防火、防食物中毒外，更要防盗、防暴力、防黄、防毒、防欺诈、防各种自然及人为灾害等。

3. 安全风险破坏的严重性。旅游安全风险的破坏性表现在：一方面，旅游安全风险具有较强的"外溢性"。这里的外溢性主要表现在，当一个国家的某个旅游景区发生安全事故，将会引起旅游者对这个国家、这个地区安全管理的担忧，从而影响整个旅游业的发展。譬如，2018年泰国普吉岛的翻船事故，在一段较长的时间里，泰国乃至东南亚地区的旅游业都受到了很大的影响。另一方面，旅游产业的链条长、"生态"脆弱。社会突发事件，尤其是发生公共卫生危机事件对旅游业的冲击相比其他行业更大。非典疫情、新冠疫情就是最好的例子。

（三）旅游安全事故的类型

1. 犯罪事件

旅游活动中存在的犯罪现象，常见的有盗窃、欺诈、暴力型犯罪等。此外，还有性犯罪和与毒品、赌博、淫秽有关的犯罪，在很大程度上威胁到旅游者的生命或财产安全。国内外学者对旅游与犯罪给予了广泛关注，并把犯罪作为旅游社会文化影响之一。当然，犯罪事件并不只是旅游者才需要面对的，然而旅游活动中，旅游者对目的地的情况不熟悉，因而往往容易成为犯罪分子侵害的对象。譬如，不少欧洲的犯罪分子就专门对中国游客实施盗窃。

2. 疾病中毒

旅途劳累、旅游异地性导致"水土不服"，客观存在的食品卫生问题等，可能诱发旅游者的疾病或导致食物中毒等。

3. 交通事故

在旅游业运行各环节中，旅游交通是重要的影响安全的环节之一。旅游交通事故往往具有毁灭性，现实中常见的有道路交通事故、航空事故、水难事故等。如2008年5月1日，一辆香港旅游团大巴在西贡发生翻车事故，造成18人死亡。

4. 景区设施事故

由于景区的游览、游乐等各类设施在前期施工、后期维护及日常经营管理中未严格按照规范进行操作、监管，导致各类事故的发生，如缆车坠落、游乐设施失控等。特别值得关注的是，近些年，在旅游业态不断丰富的背景下，一些新的高风险旅游项目兴起，譬如滑翔伞、热气球、蹦极、悬崖秋千等。这些项目风险大，对设施的性能要求高，监管标准和监管机制有待完善。

此外，地震、海啸等自然灾害，公共卫生突发事件，战争、恐怖活动等也都可能对旅游安全造成严重冲击。

二、旅游安全管理政策法规概述

在我国旅游业的发展过程中，党和国家十分重视旅游安全。1988年，国家旅游局、公安部联合发出《关于进一步加强旅游安全保卫工作的通知》，要求各地采取切实措施，保障旅游者的安全。1990年，国家旅游局在总结多年来旅游安全管理工作经验的基础上，发布了《旅游安全管理暂行办法》，共5章17条，主要是明确旅游安全管理工作方针以及旅游安全管理机构的职责。这是我国旅游安全管理工作步入法制化轨道的第一步。为进一步明确旅游安全事故的处置要求，1993年，国家旅游局印发了《重大旅游安全事故报告制度试行办法》《重大旅游安全事故处理程序试行办法》，对旅游安全事故的事故分类、报告流程、处置程序等进行规范。此后，《旅游安全管理暂行办法实施细则》（1994）《漂流旅游安全管理暂行办法》（1998）等相关旅游法规相继颁布。2001年，《国务院关于进一步加快旅游业发展的通知》将旅游安全作为旅游业发展的6项工作重点之一，要求公安、交通、工商、卫生、环保、旅游等部门紧密配合，切实做好重点旅游景区（点）和旅游城市的社会治安、交通疏导、运输安全、卫生防疫、紧急救援和环境保护工作，确保旅游安全和良好的旅游环境。2009年，《国务院关于加快发展旅游业的意见》进一步指出，要加强旅游安全保障体系建设，以旅游交通、旅游设施、旅游餐饮安全为重点，严格安全标准，完善安全设施，加强安全检查，落实安全责任，消除安全隐患，建立健全旅游安全保障机制，严格执行安全事故报告制度和重大责任追究制度。完善旅游安全提示预警制度，重点旅游地区要建立旅游专业气象、地质灾害、生态环境等监测和预报预警系统。防止重大突发疫情通过旅行途径扩散。推动建立旅游紧急救援体系，完善应急处置机制，健全出境游客紧急救助机制，增强应急处置能力。搞好旅游保险服务，增加保险品种，扩大投保范围，提高理赔效率。同年，《旅游者安全保障办法（征求意见稿）》下发征求意见。尽管该办法最终未能出台，却为后续旅游安全立法打下了基础。[1]

2013年，《旅游法》明确了旅游经营者应当保证其提供的商品和服务符合

---

[1] 有观点认为，未能解决旅游安全预警的准确性和可靠性是《旅游者安全保障办法》未能出台的主要原因。《旅游预警发布遇困境 旅游者安全保障办法难产》，国际在线，http://www.sina.com.cn 2010年11月02日。不过笔者认为，这可能并不是主要原因，因为《旅游安全管理办法》相对于《旅游者安全保障办法（征求意见稿）》并未做出明显的调整。

保障人身、财产安全的要求，对经营高空、高速、水上、潜水、探险等高风险旅游项目实施经营许可制度，要求景区接待旅游者进行限流。《旅游法》还设专章对政府、旅游经营者的安全管理责任、目的地风险提示制度以及旅游安全突发事件的处置做出了规定，形成了"政府、企业、个人"权责统一的旅游安全综合治理模式。

为贯彻落实《旅游法》，应对新的旅游安全管理形势，2016年，国家旅游局印发《旅游安全管理办法》，废止了1990年发布的《旅游安全管理暂行办法》。新办法涉及经营管理、风险提示、安全管理等内容，对政府、旅游经营者及相关从业人员的责任做了更全面、操作性更强的规定，是当前旅游安全管理方面的主要法规之一。

《"十四五"旅游业发展规划》提出，要把落实安全责任贯穿旅游业各领域全过程。推动构建旅游安全保障体系，强化预防、预警、救援、善后机制；健全突发事件应对机制；加强灾害事故重大风险防范和涉旅突发事件应对；鼓励保险公司创新开发有针对性旅游保险产品；加强对游客的安全引导和提示；指导旅游企业加强安全培训和应急演练；鼓励旅游企业建立兼职应急救援队伍，完善紧急救援联动机制。规划的要求将对旅游安全管理工作起到指导作用。

第二节 旅游安全管理主体的责任

旅游安全保障是一个系统性工程，需要各相关主体的共同参与、各尽其责。《旅游法》对各主体的责任做了原则性的规定，[①]《旅游安全管理办法》则明确

---

① 《旅游法》主要是明确各旅游安全责任主体的义务。其中，76-78条规定政府的义务包括：安全评测与风险提示；建立旅游突发事件应对机制与组织救援等。79-81条规定旅游经营者的安全义务，包括：具备相应的安全生产条件；制定旅游者安全保护制度和应急预案；开展经常性应急救助技能培训；对提供的产品和服务进行安全检验、监测和评估；向旅游者做出说明或者警示；及时报告与救助等。82条则对旅游者的权利和义务进行规定，包括请求救援与支付费用。

了各主体的具体责任。

一、政府的旅游安全管理责任

《旅游法》规定，县级以上人民政府统一负责旅游安全工作。县级以上人民政府有关部门依照法律、法规履行旅游安全监管职责。此外，县级以上人民政府及其有关部门应当将旅游安全作为突发事件监测和评估的重要内容。县级以上人民政府应当依法将旅游应急管理纳入政府应急管理体系，制定应急预案，建立旅游突发事件应对机制。发生突发事件后，应当采取措施开展救援。

旅游主管部门直接负责旅游业的监管。与《旅游法》对人民政府及有关部门的原则规定不同，《旅游安全管理办法》对旅游主管部门的具体安全管理职责进行了明确。该办法第三条规定，各级旅游主管部门应当在同级人民政府的领导和上级旅游主管部门及有关部门的指导下，在职责范围内，依法对旅游安全工作进行指导、防范、监管、培训、统计分析和应急处理。

（一）指导

旅游主管部门的指导主要面向旅游经营者，因为旅游安全管理工作是一项较为专业的工作，一些经营者对管理的标准可能不熟悉，或缺乏安全管理经验。因此，旅游主管部门对经营者的指导是重要的，也是必要的。从相关规定来看，旅游主管部门的指导主要体现在以下几个方面。

1. 指导旅游经营者组织开展从业人员的安全及应急管理培训。

2. 对景区实现安全开放条件进行指导。

3. 指导旅游业各个环节的安全管理工作。

《旅游法》第四十二条对景区开放应当具备的条件进行了规定，要求景区有必要的旅游配套服务和辅助设施，有必要的安全设施及制度，经过安全风险评估，满足安全条件，有必要的环境保护设施和生态保护措施，以及法律、行政法规规定的其他条件。但是，具体操作对旅游经营者来说仍是一个考验，因此该条还提出，景区安全开放条件应听取旅游主管部门的意见。

（二）防范

从《旅游安全管理办法》的规定来看，旅游主管部门对旅游安全风险的防范主要是建立旅游目的地安全风险提示制度，通过及时提示风险，最大程度减少旅游者涉险的可能。办法规定，根据可能对旅游者造成的危害程度、紧急程度和发展态势，风险提示级别分为一级（特别严重）、二级（严重）、三级（较重）和四级（一般），分别用红色、橙色、黄色和蓝色标示。

风险提示发布后，旅行社应当根据风险级别采取相应措施：（1）四级风险的，加强对旅游者的提示；（2）三级风险的，采取必要的安全防范措施；（3）二级风险的，停止组团或者带团前往风险区域；已在风险区域的，调整或者中止行程；（4）一级风险的，停止组团或者带团前往风险区域，组织已在风险区域的旅游者撤离。此外，其他旅游经营者应当根据风险提示的级别，加强对旅游者的风险提示，采取相应的安全防范措施，妥善安置旅游者，并根据政府或者有关部门的要求，暂停或者关闭易受风险危害的旅游项目或者场所。旅游者也应当关注相关风险，加强个人安全防范，并配合国家应对风险暂时限制旅游活动的措施以及有关部门、机构或者旅游经营者采取的安全防范和应急处置措施。

（三）监督

对旅游经营者等市场主体进行监督是旅游主管部门的当然职责。监督的重点主要是督促旅游经营者贯彻执行安全和应急管理的有关法律、法规，并引导其实施相关国家标准、行业标准或者地方标准，提高其安全经营和突发事件应对能力；对落实不到位的责令整改，依法进行处罚等。

（四）培训

旅游主管部门除指导旅游经营者组织开展从业人员的安全及应急管理培训外，自身也应该组织相应培训，提升相关从业人员的风险意识以及突发事件处置能力。此外，对于旅游主管部门内部负责安全管理工作的人员，旅游主管部门也应通过各种途径加强培训，提高管理人员的自身素养和执法能力。

（五）统计分析

开展统计分析对于掌握旅游安全形势，及时完善安全管理举措是十分必要的。《旅游安全管理办法》第三十二条规定，县级以上地方各级旅游主管部门应当定期统计分析本行政区域内发生旅游突发事件的情况，并于每年1月底前将上一年度相关情况逐级报国家旅游局。

（六）应急处理

虽然旅游安全更应强调预防为主，但应急处理更能考验旅游主管部门的安全管理能力。从相关规定来看，旅游主管部门在应急处理方面要做好以下工作：

1.制定科学合理的安全应急预案并定期组织演练，同时不断完善方案，确保突发事件发生后能够快速应对；

2.组织或者协同、配合相关部门开展对旅游者的救助及善后处置，防止次生、衍生事件发生；

3.发布有关事态发展和应急处置工作的信息并及时向上级有关部门报告。

二、旅游经营者的旅游安全管理责任

旅游经营者作为旅游活动的具体组织者和实施者，其安全责任是否落实到位很大程度上决定了旅游安全风险的大小。因此，无论是《旅游法》还是《旅游安全管理办法》等法规，对旅游经营者的安全管理责任都提出了相应的要求。

（一）具备旅游安全的基本条件

《旅游法》第七十九条第一款规定，旅游经营者应当严格执行安全生产管理和消防安全管理的法律、法规和国家标准、行业标准，具备相应的安全生产条件，制定旅游者安全保护制度和应急预案。

《旅游安全管理办法》也对旅游经营者的旅游安全条件提出了要求，具体包括：

1.服务场所、服务项目和设施设备符合有关安全法律、法规和强制性标准的要求；

2. 配备必要的安全和救援人员、设施设备；

3. 建立安全管理制度和责任体系；

4. 保证安全工作的资金投入。

不仅如此，旅游经营者还应定期检查本单位安全措施的落实情况，及时排除安全隐患。

（二）提供安全的产品和服务

旅游经营者应该按照《消费者权益保护法》等法律要求，切实保障产品和服务的安全性。不仅如此，经营者还应当对其提供的产品和服务进行风险监测和安全评估，确保所提供的产品和服务始终处于安全状态。

旅行社组织旅游活动时应该向合格的供应商订购产品和服务，因此，旅行社应该谨慎选择履行辅助人。同样，旅行社对于订购的产品和服务安全也应动态进行监测，在履行辅助人履行过程中进行监督。旅行社及其从业人员发现履行辅助人提供的服务不符合法律、法规规定或者存在安全隐患的，应当予以制止或者更换。

经营高风险旅游项目或者向老年人、未成年人、残疾人提供旅游服务的，旅游经营者还应当根据需要采取相应的安全保护措施。

（三）安全告知和提示

订立包价旅游合同时，旅行社应当向旅游者告知或提示不适合参加的旅游活动，旅游活动中的安全注意事项等。旅游行程中，旅行社也应及时向旅游者提示安全风险，即便旅游者自行安排活动期间也不例外。

《旅游法》第八十条还规定，旅游经营者应当就旅游活动中的下列事项，以明示的方式事先向旅游者做出说明或者警示：

1. 正确使用相关设施、设备的方法；

2. 必要的安全防范和应急措施；

3. 未向旅游者开放的经营、服务场所和设施、设备；

4. 不适宜参加相关活动的群体；

5. 可能危及旅游者人身、财产安全的其他情形。

（四）对从业人员进行安全生产教育和培训

教育和培训是提高旅游从业人员安全意识和能力的重要手段，是提升旅游服务安全性的重要保障。

旅游经营者应当对从业人员进行安全生产教育和培训，保证从业人员掌握必要的安全生产知识、规章制度、操作规程、岗位技能和应急处理措施，知悉自身在安全生产方面的权利和义务。

旅游经营者应建立安全生产教育和培训档案，如实记录安全生产教育和培训的时间、内容、参加人员以及考核结果等情况。

未经安全生产教育和培训合格的旅游从业人员不得上岗作业；特种作业人员必须按照国家有关规定经专门的安全作业培训，取得相应资格。

（五）制作安全信息卡

出境旅游中，旅游者对目的地的情况更陌生，制作安全信息卡有助于旅游者在紧急情况下及时获得救助。《旅游安全管理办法》要求，旅行社组织出境旅游，应当制作安全信息卡。安全信息卡应当包括旅游者姓名、出境证件号码和国籍，以及紧急情况下的联系人、联系方式等信息，使用中文和目的地官方语言（或者英文）填写。

旅行社应当将安全信息卡交由旅游者随身携带，并告知其自行填写血型、过敏药物和重大疾病等信息。

（六）做好应急预案

《旅游安全管理办法》要求，旅游经营者应当依法制定旅游突发事件应急预案，与所在地县级以上地方人民政府及其相关部门的应急预案相衔接，并定期组织演练。

（七）及时处置旅游突发事件或配合有关部门做好处置

旅游突发事件发生后，旅游经营者的现场人员应当立即向本单位负责人报告，单位负责人接到报告后，应当于 1 小时内向发生地县级旅游主管部门、安全生产监督管理部门和负有安全生产监督管理职责的其他相关部门报告，旅行社负责人应当同时向单位所在地县级以上地方旅游主管部门报告。

情况紧急或者发生重大、特别重大旅游突发事件时，现场有关人员可直接向发生地、旅行社所在地县级以上旅游主管部门、安全生产监督管理部门和负有安全生产监督管理职责的其他相关部门报告。

旅游突发事件发生在境外的，旅游团队的领队应当立即向当地警方、中国驻当地使领馆或者政府派出机构以及旅行社负责人报告。旅行社负责人应当在接到领队报告后 1 小时内，向单位所在地县级以上地方旅游主管部门报告。

旅游突发事件发生后，旅游经营者及其现场人员应当采取合理、必要的措施救助受害旅游者，控制事态发展，防止损害扩大。

旅游经营者应当按照履行统一领导职责或者组织处置突发事件的人民政府的要求，配合其采取的应急处置措施，并参加所在地人民政府组织的应急救援和善后处置工作。

旅游突发事件发生在境外的，旅行社及其领队应当在中国驻当地使领馆或者政府派出机构的指导下，全力做好突发事件应对处置工作。

三、旅游从业人员的安全管理责任

旅游从业人员直接服务于旅游者，理应参与安全管理。旅游从业人员安全责任的落实也同样对旅游安全产生重要影响。从相关旅游法规来看，旅游从业人员主要承担以下方面的责任：

1. 按要求参加安全生产教育和培训，努力提升安全意识和安全管理能力；

2. 如果是旅行社派出的导游或领队，还应监督履行辅助人或地接社切实履行安全义务；

3. 对可能危及旅游者人身、财产安全的事项，向旅游者做出真实的说明和明确的警示，并采取防止危害发生的必要措施。

4.遇到旅游突发事件发生后，导游应当立即采取必要的处置措施，包括：

（1）向本单位负责人报告，情况紧急或者发生重大、特别重大旅游突发事件时，可以直接向发生地、旅行社所在地县级以上旅游主管部门、安全生产监督管理部门和负有安全生产监督管理职责的其他相关部门报告；

（2）救助或者协助救助受困旅游者；

（3）根据旅行社、旅游主管部门及有关机构的要求，采取调整或者中止行程、停止带团前往风险区域、撤离风险区域等避险措施。

四、旅游者的旅游安全责任

旅游者既是旅游活动的参与者，同时也是旅游安全的责任人。旅游者应该如实告知个人的健康信息，自觉强化安全防范意识，严格遵守法律法规和景区管理规定，切实听从导游或其他人员安排，积极配合政府或有关部门、组织开展的应急处置。

第三节　旅游突发事件及其处置

一、旅游突发事件的概念与类型

为了更好应对旅游突发事件，《旅游安全管理办法》对旅游突发事件的概念进行了界定，并根据突发事件结果的严重性或影响大小将旅游突发事件分为特别重大、重大、较大和一般四级，以便相关部门能够在制定应急预案和开展应急救援中更有针对性，提高救援效率。

（一）概念

旅游突发事件，是指突然发生，造成或者可能造成旅游者人身伤亡、财产损失，需要采取应急处置措施予以应对的自然灾害、事故灾难、公共卫生事件和社会安全事件。从《旅游安全管理办法》的界定来看，旅游突发事件与旅游安全事故并不完全等同。旅游突发事件主要是指自然灾害、事故灾难、公共卫生事件和社会安全事件四类可能造成较大影响或较严重后果，且需要相关部门予以应急处理的事件。这一界定与《中华人民共和国突发事件应对法》对突发事件的界定一致，体现了法律之间的衔接。而旅游安全事故所包含的范围更广，既包括旅游突发事件，也包括了其他给旅游者人身或财产造成损害的事件。

从突发事件处理的一般情况来看，将旅游突发事件聚焦造成较大影响的或较严重后果的事件体现了应急处置的必要性，对于集中资源做好应急处理也是有利的。而一般性的安全事件则可以通过相应的管理措施予以解决。

（二）类型

1. 特别重大旅游突发事件

具备下列情形的旅游突发事件构成特别重大旅游突发事件。

（1）造成或者可能造成人员死亡（含失踪）30人以上或者重伤100人以上；

（2）旅游者500人以上滞留超过24小时，并对当地生产生活秩序造成严重影响；

（3）其他在境内外产生特别重大影响，并对旅游者人身、财产安全造成特别重大威胁的事件。

2. 重大旅游突发事件

具备下列情形的旅游突发事件构成重大旅游突发事件：

（1）造成或者可能造成人员死亡（含失踪）10人以上、30人以下或者重伤50人以上、100人以下；

（2）旅游者200人以上、500人以下滞留超过24小时，对当地生产生活秩序造成较严重影响；

（3）其他在境内外产生重大影响，并对旅游者人身或财产安全造成重大威胁的事件。

3. 较大旅游突发事件

具备下列情形的旅游突发事件构成较大旅游突发事件：

（1）造成或者可能造成人员死亡（含失踪）3人以上、10人以下或者重伤10人以上、50人以下；

（2）旅游者50人以上、200人以下滞留超过24小时，并对当地生产生活秩序造成较大影响；

（3）其他在境内外产生较大影响，并对旅游者人身或财产安全造成较大威胁的事件。

4.一般旅游突发事件

具备下列情形的旅游突发事件构成一般旅游突发事件：

（1）造成或者可能造成人员死亡（含失踪）3人以下，或者重伤10人以下；

（2）旅游者50人以下滞留超过24小时，并对当地生产生活秩序造成一定影响；

（3）其他在境内外产生一定影响，并对旅游者人身或财产安全造成一定威胁的事件。

上述规定中所称的"以上"包括本数，所称的"以下"不包括本数。

二、旅游突发事件的处置

《旅游法》要求，突发事件发生后，当地人民政府及其有关部门和机构应当采取措施开展救援。《旅游安全管理办法》则对应急处置提出了多个方面的具体要求。

（一）报告

1.报告流程。旅游突发事件发生后，旅游主管部门应当向同级人民政府和上级旅游主管部门报告。一般旅游突发事件上报至设区的市级旅游主管部门；较大旅游突发事件逐级上报至省级旅游主管部门；重大和特别重大旅游突发事件逐级上报至国家旅游局。

2.报告内容。向上级旅游主管部门报告旅游突发事件，应当包括下列内容：

（1）事件发生的时间、地点、信息来源；

（2）简要经过、伤亡人数、影响范围；

（3）事件涉及的旅游经营者、其他有关单位的名称；

（4）事件发生原因及发展趋势的初步判断；

（5）采取的应急措施及处置情况；

（6）需要支持协助的事项；

（7）报告人姓名、单位及联系电话。

上述内容暂时无法确定的，应当先报告已知情况；报告后出现新情况的，应当及时补报、续报。

（二）通报

旅游突发事件发生后，旅游主管部门应当及时将有关信息通报相关行业主管部门。及时通报给相关行业主管部门既是义务，也有助于后续协作救援。

（三）处置措施

1. 自然灾害、事故灾难或者公共卫生事件处置措施

按照《中华人民共和国突发事件应对法》等法规规定，自然灾害、事故灾难或者公共卫生事件发生后，履行统一领导职责的人民政府可以采取下列应急处置措施：

（1）组织营救和救治受害人员，疏散、撤离并妥善安置受到威胁的人员以及采取其他救助措施；

（2）迅速控制危险源，标明危险区域，封锁危险场所，划定警戒区，实行交通管制以及其他控制措施；

（3）立即抢修被损坏的交通、通信、供水、排水、供电、供气、供热等公共设施，向受到危害的人员提供避难场所和生活必需品，实施医疗救护和卫生防疫以及其他保障措施；

（4）禁止或者限制使用有关设备、设施，关闭或者限制使用有关场所，中止人员密集的活动或者可能导致危害扩大的生产经营活动，以及采取其他保护措施；

（5）启用本级人民政府设置的财政预备费和储备的应急救援物资，必要时

调用其他急需物资、设备、设施、工具；

（6）组织公民参加应急救援和处置工作，要求具有特定专长的人员提供服务；

（7）保障食品、饮用水、燃料等基本生活必需品的供应；

（8）依法从严惩处囤积居奇、哄抬物价、制假售假等扰乱市场秩序的行为，稳定市场价格，维护市场秩序；

（9）依法从严惩处哄抢财物、干扰破坏应急处置工作等扰乱社会秩序的行为，维护社会治安；

（10）采取防止发生次生、衍生事件的必要措施。

2. 社会安全事件处置措施

社会安全事件发生后，组织处置工作的人民政府应当立即组织有关部门并由公安机关针对事件的性质和特点，依照有关法律、行政法规和国家其他有关规定，采取下列一项或者多项应急处置措施：

（1）强制隔离使用器械相互对抗或者以暴力行为参与冲突的当事人，妥善解决现场纠纷和争端，控制事态发展；

（2）对特定区域内的建筑物、交通工具、设备、设施以及燃料、燃气、电力、水的供应进行控制；

（3）封锁有关场所、道路，查验现场人员的身份证件，限制有关公共场所内的活动；

（4）加强对易受冲击的核心机关和单位的警卫，在国家机关、军事机关、国家通讯社、广播电台、电视台、外国驻华使领馆等单位附近设置临时警戒线；

（5）法律、行政法规和国务院规定的其他必要措施。

严重危害社会治安秩序的事件发生时，公安机关应当立即依法出动警力，根据现场情况依法采取相应的强制性措施，尽快使社会秩序恢复正常。

（四）总结

旅游突发事件处置结束后，发生地旅游主管部门应当针对突发事件的发生经过和原因，总结突发事件应急处置工作的经验教训，制定改进措施，并在30日内按照下列程序提交总结报告：

1. 一般旅游突发事件向设区的市级旅游主管部门提交；

2. 较大旅游突发事件逐级向省级旅游主管部门提交；

3. 重大和特别重大旅游突发事件逐级向国家旅游局提交。

如果是旅游团队在境外遇到突发事件的，由组团社所在地旅游主管部门提交总结报告。

课程思政点

1. 敬业。安全是旅游的生命线。从相关旅游法规的规定可以看出，法规对旅游经营者和旅游从业人员均规定了相应的责任。旅游经营者和旅游从业人员严格履行这些责任，对于杜绝或降低旅游安全风险是非常必要的。旅游经营者和旅游从业人员应该以对旅游者安全高度负责的态度，严格落实法律责任。这样才能更好地保障旅游者的安全，降低自己的经营风险，取得旅游者的信任，为持续经营和从业提供保障。

2. 诚信。旅游者既是旅游活动的参与者，同时也是旅游安全的责任人。旅游者应该如实告知个人的健康信息，这既是对自己的安全负责，也是对旅游经营者和其他旅游者负责。旅游者谎报瞒报个人健康信息发生安全事故，造成个人损害的，人民法院对旅游者的赔偿诉求不予支持。旅游者一定要诚实守信，对自己和他人负责，做一个文明的、讲诚信的旅游者。

拓展与深化题

1. 旅游安全风险提示是避免安全突发事件的必要和有效手段。《旅游安全管理办法》对此做出了较为具体的规定。但是，站在旅游经营者的角度看，目前旅游目的地旅游的安全风险提示，很多内容是旅游经营者通过现代信息网络获取的，而旅游经营者需要更多更翔实的信息。从保障旅游安全来说，他们需要掌握旅游线路上保障旅游安全的各个环节相关的信息。旅游法规对旅游经营者规定的安全义务，实质上也意味着旅游经营者应该履行好调研考察的义务，以判断是否存在安全风险以及要采取的必要安全举措。需要思考的是，旅游经营者在安全调研能力不足的情形下，为了保障旅游者安全，政府相关部门在旅游安全风险提示方面还能给予旅游经营者哪些帮助？旅游安全还会面对哪些挑战？各方如何协作才能最大限度地避免旅游安全事故的发生？

2. 旅游经营者和旅游从业人员作为直接服务旅游者的主体，他们的旅游安全知识及能力对旅游者的安全保障非常重要。从相关旅游法规要求看，旅游经营者应该组织导游等从业人员进行这方面的培训，对培训效果如何检验、考核评价标准的内容你认为应该从哪些方面进行制定？

3. 近年来，游客遇险事故屡有发生。《旅游法》规定，旅游者接受相关组织或者机构的救助后，应当支付应由个人承担的费用。"应由个人承担的费用"如何界定较为合适？

第八章 旅游资源管理政策法规

学习目标：

1. 了解旅游资源的概念、分类及特征等；
2. 了解自然保护区、风景名胜区、国家公园等自然旅游资源管理政策法规；
3. 了解文物、博物馆、国家级文化生态保护区等人文旅游资源管理政策法规；
4. 了解旅游景区的质量等级评定、监督管理规定，以及旅游景区的开放条件、价格管理及流量控制等相关要求。

第一节 旅游资源管理政策法规概述

旅游资源是发展旅游的基础和前提条件，加强旅游资源的保护和利用对于旅游业的发展至关重要。我国旅游资源非常丰富，国家和地方围绕旅游资源保护利用相继出台了一系列政策法规。尤其是党的十八大以来，旅游资源管理的政策法规更加健全完善。

一、旅游资源概述

（一）旅游资源的概念

根据2003年颁布的《旅游资源分类、调查与评价》（2017年修订）的国家标准文本，旅游资源（tourism resources）是指自然界和人类社会中能对旅游者产生吸引力，可以被旅游业开发利用，并可产生经济效益、社会效益和环境效益的各种事物和因素。国家旅游局在2007年制定下发的《旅游资源保护暂行办法》沿用了这一提法。办法还对旅游资源进行了列举，包括已开发的各类自然遗产、文化遗产、地质、森林、风景名胜、水利、文物、城市公园、科教、工农业、湿地、海岛、海洋等各类旅游资源，还包含未开发的具有旅游利用价值的各种物质和非物质资源。

西方国家一般将旅游资源称作旅游吸引物（tourist attractions）。与我国对旅游资源的界定相通的是，都将吸引力作为旅游资源的核心特征。因此，旅游资源的本质属性是吸引力，这和旅游活动主要体现在满足人们的休闲体验，追求精神愉悦的目的是一致的。换言之，没有吸引力（含潜在吸引力）的资源不能称之为旅游资源。

（二）旅游资源的分类

根据不同的划分标准，可以将旅游资源归纳为多个类型。

1. 按照资源属性分类，旅游资源大体上可分为三大类：自然旅游资源；人文旅游资源；社会旅游资源。

自然旅游资源主要是天然赋存的具有游览观光、休息疗养、娱乐体育等吸引力的地理要素，这些要素或以单体和单体组合形式存在，或以某种要素为主，辅以其他要素组合构成旅游资源。譬如，山岳形胜、岩溶景观、砂岩地貌等。

人文旅游资源是指能够吸引人们进行旅游活动的，古今人类所创造的物质实体或以其为载体的神话传说、名人逸事等。譬如，历史文物古迹、民族文化及其载体等。

社会旅游资源是指能够吸引人们休闲娱乐的，时代特征明显，突出体现现代人设计创造的事物或事件。譬如，标志性体育设施，主题游乐场所，体育赛事等。

2. 按功能目的分类，旅游资源可以分为游览鉴赏型、知识获取型、体验型、康乐型等类型。游览鉴赏型以优美的自然风光、著名古代建筑、遗址及园林、现代城镇景观、山水田园、以揽胜祈福为目的的宗教寺庙等为主；知识获取型以文物古迹、博物展览、科学技术、自然奇观、文学艺术作品等为主；体验型以民风民俗、社会时尚、节庆活动、风味饮食、宗教仪式等为主；康乐型以文体活动、度假疗养、康复保健、人造乐园等为主。很多旅游资源往往具有多项功能。

（三）旅游资源的特征

1. 旅游资源的多样性。旅游资源多种多样，既有自然形成的，又有历史遗留下来的和当代新建的，它与旅游目的的多样性有着十分密切的联系。

2. 旅游资源的垄断性，即不可转移性。旅游资源不同于其他资源，通常具有强垄断性。如世界建筑史上最伟大的奇观，万里长城，金字塔等。

3. 旅游资源的组合性。一个孤立的构景要素或一个独立的景点是很难形成使旅游者离开其居住地专程前往游览的吸引力的。大多数旅游资源总是由多种多样、相互联系、相互依存的各个要素组合构成。如杭州的旅游资源，既有丰富的人文景观，又有传统的历史文化。

二、旅游资源管理政策法规概述

我国制定并出台了一系列旅游资源法律法规，对旅游资源的保护利用起着积极的作用。2007年国家旅游局针对旅游资源保护，颁布了《旅游资源保护暂行办法》。各省、自治区、直辖市也相应制定了了当地的旅游资源保护法规或规章。《中华人民共和国旅游法》第一条也明确指出，保护和合理利用旅游资源是立法目的之一。目前，我国已经形成了较为完备的旅游资源管理法规体系。

自然旅游资源管理方面，颁布了《中华人民共和国森林法》《中华人民共和国风景名胜区条例》《中华人民共和国自然保护区条例》《森林公园管理办法》《国家级公园管理办法》《国家城市湿地公园管理办法（试行）》《国家湿地公园管理办法（试行）》《湿地保护管理规定》等。

人文旅游资源保护管理方面，颁布了《中华人民共和国文物保护法》《中华人民共和国文物保护法实施细则》《博物馆条例》《历史文化名城名镇名村保护条例》《国家级非物质文化遗产管理暂行办法》《国家考古遗址公园管理办法（试行）》等。为加强世界遗产保护管理，我国1985年加入《保护世界文化和自然遗产公约》，2004年又加入了《保护非物质文化遗产公约》。

旅游资源规划开发管理方面，颁布了《中华人民共和国城乡规划法》《中华人民共和国环境保护法》《旅游规划通则》（GB/T18971—2003）《历史文化名城保护规划标准》（GBT 50357-2018）等。此外还有一批针对不同种类的旅游资源而做出的审批管理办法规定，对具体的旅游资源规划编制等做出要求。

旅游资源管理方面，颁布了《旅游景区质量等级管理办法》《旅游度假区登记管理办法》《旅游度假区等级划分》（GB/T 26358-2022）《旅游景区质量等级的划分与评定》（GB/T 17775-2003，目前该标准正在进行新的修订）《中国森林公园风景资源质量等级评定》（GB/T 18005-1999）和《国家湿地公园评估标准》（LY/T 1754-2008）等。

第二节 自然旅游资源管理政策法规

一、自然保护区管理政策法规

根据《中华人民共和国自然保护区条例（2017年修订）》，自然保护区是指对有代表性的自然生态系统、珍稀濒危野生动植物物种的天然集中分布区、有特殊意义的自然遗迹等保护对象所在的陆地、陆地水体或者海域，依法划出一定面积予以特殊保护和管理的区域。条例规定，凡具有下列条件之一的，应当建立自然保护区：（1）典型的自然地理区域、有代表性的自然生态系统区域以及已经遭受破坏但经保护能够恢复的同类自然生态系统区域；（2）珍稀、濒危野生动植物物种的天然集中分布区域；（3）具有特殊保护价值的海域、海岸、岛屿、湿地、内陆水域、森林、草原和荒漠；（4）具有重大科学文化价值的地质构造，著名溶洞、化石分布区，冰川、火山、温泉等自然遗迹；（5）经国务院或者省、自治区、直辖市人民政府批准，需要予以特殊保护的其他自然区域。

设置自然保护区的目的不是为了旅游，而是加强对特殊自然资源的保护，但是自然保护区往往兼具观光、体验、知识获取等众多功能，对人们具有较强的吸引力。因此，在符合开发利用的条件下，自然保护区也可以开发旅游功能。加之其本身具有的天然优势，这一类资源在旅游资源中占据较为重要的位置。

（一）自然保护区的类型和审批程序

自然保护区分为国家级自然保护区和地方级自然保护区。其中，在国内外有典型意义、在科学上有重大国际影响或者有特殊科学研究价值的自然保护区，列为国家级自然保护区。除列为国家级自然保护区的以外，其他具有典型意义或者重要科学研究价值的自然保护区列为地方级自然保护区。

国家级自然保护区的建立，由自然保护区所在的省、自治区、直辖市人民政府或者国务院有关自然保护区行政主管部门提出申请，经国家级自然保护区评审委员会评审后，由国务院环境保护行政主管部门进行协调并提出审批建议，报国务院批准。

地方级自然保护区的建立，由自然保护区所在的县、自治县、市、自治州人民政府或者省、自治区、直辖市人民政府有关自然保护区行政主管部门提出申请，经地方级自然保护区评审委员会评审后，由省、自治区、直辖市人民政府环境保护行政主管部门进行协调并提出审批建议，报省、自治区、直辖市人民政府批准，并报国务院环境保护行政主管部门和国务院有关自然保护区行政主管部门备案。

跨两个以上行政区域的自然保护区的建立，由有关行政区域的人民政府协商一致后提出申请，并按照前两款规定的程序审批。

建立海上自然保护区，须经国务院批准。

（二）自然保护区的区域划分

为更有针对性地加强对自然保护区的保护，自然保护区按照保护需要分为核心区、缓冲区和实验区。自然保护区内保存完好的天然状态的生态系统以及珍稀、濒危动植物的集中分布地，应当划为核心区，非经批准，禁止任何单位和个人进入。核心区外围可以划定一定面积的缓冲区，只准进入从事科学研究观测活动。缓冲区外围划为实验区，可以进入从事科学试验、教学实习、参观考察、旅游以及驯化、繁殖珍稀、濒危野生动植物等活动。

（三）自然保护区开发旅游应该遵守的要求

1. 在不影响保护自然保护区的自然环境和自然资源的前提下，方可组织开展参观、旅游等活动。

2. 在自然保护区的实验区内开展参观、旅游活动的，由自然保护区管理机构编制方案，方案应当符合自然保护区管理目标。组织参观、旅游活动的，应当严格按照前款规定的方案进行，并加强管理；进入自然保护区参观、旅游的单位和个人，应当服从自然保护区管理机构的管理。

3. 严禁开设与自然保护区保护方向不一致的参观、旅游项目。

4. 非经批准，禁止任何人进入自然保护区的核心区。禁止在自然保护区的缓冲区开展旅游和生产经营活动。

二、风景名胜区管理政策法规

（一）风景名胜区的概念与等级

风景名胜区是自然景观和人文景观集中的具有典型价值意义的所在，是重要的旅游资源。为了对风景名胜资源进行更好的规范和管理，我国在1993年12月出台了《风景名胜区建设管理规定》。2006年9月颁布了《风景名胜区条例》，并在2016年进行了修订。

1. 风景名胜区的概念

风景名胜区是指具有观赏、文化或者科学价值，自然景观、人文景观比较集中，环境优美，可供人们游览或者进行科学、文化活动的区域。我国对风景名胜区坚持科学规划、统一管理、严格保护、永续利用地原则。

2.风景名胜区等级

风景名胜区划分为国家级风景名胜区和省级风景名胜区。自然景观和人文景观能够反映重要自然变化过程和重大历史文化发展过程，基本处于自然状态或者保持历史原貌。具有国家代表性的，可以申请设立国家级风景名胜区；具有区域代表性的，可以申请设立省级风景名胜区。

设立国家级风景名胜区，由省、自治区、直辖市人民政府提出申请，国务院建设主管部门会同国务院环境保护主管部门、林业主管部门、文物主管部门等有关部门组织论证，提出审查意见，报国务院批准公布。设立省级风景名胜区，由县级人民政府提出申请，省、自治区人民政府建设主管部门或者直辖市人民政府风景名胜区主管部门，会同其他有关部门组织论证，提出审查意见，报省、自治区、直辖市人民政府批准公布。

（二）风景名胜区游览利用规范

风景名胜区保护利用应当体现人与自然和谐相处、区域协调发展和经济社会全面进步的要求，坚持保护优先、开发服从保护的原则，突出风景名胜资源的自然特性、文化内涵和地方特色。

1.禁止违反风景名胜区规划，在风景名胜区内设立各类开发区和在核心景区内建设宾馆、招待所、培训中心、疗养院以及与风景名胜资源保护无关的其他建筑物。

2.风景名胜区内的建设项目应当符合风景名胜区规划，并与景观相协调，不得破坏景观、污染环境、妨碍游览。

3.风景名胜区管理机构应当根据风景名胜区的特点，保护民族民间传统文化，开展健康有益的游览观光和文化娱乐活动。

4.风景名胜区管理机构应当根据风景名胜区规划，合理利用风景名胜资源，改善交通、服务设施和游览条件。风景名胜区管理机构应当在风景名胜区内设置风景名胜区标志和路标、安全警示等标牌。

5. 风景名胜区管理机构应当建立健全安全保障制度，加强安全管理，保障游览安全。禁止超过允许容量接纳游客和在没有安全保障的区域开展游览活动。

三、国家公园管理政策法规

国家公园，以生态环境、自然资源保护和适度旅游开发为基本策略，通过较小范围的适度开发实现大范围的有效保护，既排除与保护目标相抵触的开发利用方式，达到了保护生态系统完整性的目的，又为公众提供了旅游、科研、教育、娱乐的机会和场所，是一种能够合理处理生态环境保护与资源开发利用关系的行之有效的保护和管理模式，最早起源于美国，后为世界大部分国家和地区所采用。建立国家公园体制是党的十八届三中全会提出的重点改革任务之一，是我国生态文明制度建设的重要内容。2015年9月，中共中央、国务院印发《生态文明体制改革总体方案》，对建立国家公园体制提出了具体要求，强调"加强对重要生态系统的保护和利用，改革各部门分头设置自然保护区、风景名胜区、文化自然遗产、森林公园、地质公园等的体制"，"保护自然生态系统和自然文化遗产原真性、完整性"。2017年《建立国家公园体制总体方案》审议通过。2019年6月，中共中央办公厅、国务院办公厅印发《关于建立以国家公园为主体的自然保护地体系的指导意见》。2021年10月12日，中国正式设立三江源、大熊猫、东北虎豹、海南热带雨林、武夷山等第一批国家公园。2022年3月《"十四五"旅游业发展规划》提出，推进以国家公园为主体的自然保护地体系建设，形成自然生态系统保护的新体制新模式。充分发挥国家公园教育、游憩等综合功能，在保护的前提下，对一些生态稳定性好、环境承载能力强的森林、草原、湖泊、湿地、沙漠等自然空间依法依规进行科学规划，开展森林康养、自然教育、生态体验、户外运动，构建高品质、多样化的生态产品体系。2022年6月，国家林业和草原局印发《国家公园管理暂行办法》，国家公园管理迈上了法治化道路。

（一）国家公园的概念

国家公园，是指国家为了保护一个或多个典型生态系统的完整性，为生态旅游、科学研究和环境教育提供场所，而划定的需要特殊保护、管理和利用的自然区域。世界上最早的"国家公园"为1872年美国建立"黄石国家公园"。新颁布的《国家公园管理暂行办法》将国家公园界定为由国家批准设立并主导管理，以保护具有国家代表性的自然生态系统为主要目的，实现自然资源科学保护和合理利用的特定陆域或者海域。

设立国家公园，从国外实践来看，有利于景观资源的保存与保护，有利于资源环境的考察与研究，有利于旅游观光业的可持续发展。

（二）国家公园的区域划分

国家公园根据功能定位划为核心保护区和一般控制区，实行分区管控。国家公园范围内自然生态系统保存完整、代表性强，核心资源集中分布或者生态脆弱需要休养生息的区域应当划为核心保护区。国家公园核心保护区以外的区域划为一般控制区。

国家公园核心保护区原则上禁止人为活动。国家公园一般控制区可以按照有关法律法规政策进行不破坏生态功能的生态旅游。

（三）国家公园旅游开发利用规范

1. 国家公园管理机构根据国家公园总体规划和专项规划，立足全民公益性的国家公园理念，为全社会提供优质生态产品以及生态旅游等公众服务。

2. 国家公园管理机构应当按照总体规划确定的区域、访客容量和路线，建设必要的公共服务设施，完善生态旅游服务体系，探索建立预约制度，严格控制开发利用强度，最大限度减少对生态环境的干扰。

3. 国家公园管理机构应当为访客提供必要的救助服务，建设无障碍服务设施，并制定访客安全保障制度，配合所在地人民政府开展突发事件应对工作。

4. 国家公园管理机构应当建立国家公园综合信息平台，依法向社会公众提供自然教育、生态旅游等信息服务。

第三节　人文旅游资源管理政策法规

一、文物保护政策法规

文物是指人们在生产、生活和实践过程中产生的，具有历史、科学、艺术价值的遗迹、遗物和遗存。文物不仅具有较高的观赏价值，而且在满足人们获取知识等方面具有较强的吸引力。在习近平总书记文旅融合的理念指导下，文物的价值得到了进一步的创新发挥。我国1982年制定《中华人民共和国文物保护法》，之后经历了5次修订，国务院也制定了《中华人民共和国文物保护法实施细则》，为文物的保护利用提供了有力的支撑。

（一）文物的权属和种类

1. 文物的权属

根据《文物保护法》规定，在中国境内地下、内水和领海中遗存的一切文物，都属于国家所有。包括古文化遗址、古墓葬、石窟寺和国家指定保护的纪念建筑物、古建筑、石刻等，也包括国家机关、部队、全民所有制企业、事业组织收藏的文物。此外，属于集体所有和私人所有的纪念建筑物、古建筑和传世文物，其所有权受国家法律的保护。

2. 文物的种类

（1）可移动文物和不可移动文物

以是否可以移动为标准，文物可主要分为可移动文物和不可移动文物。根据《文物保护法》规定，不可移动文物包含了古文化遗址、古墓葬、古建筑、石窟寺、石刻、壁画、近现代重要史迹和代表性建筑等；而可移动文物包含历史上各时代重要实物、艺术品、文献、手稿、图书资料、代表性实物等。

（2）馆藏文物

馆藏文物指的是收藏在博物馆、图书馆和其他文物单位收藏的文物。

（3）民间收藏物

民间收藏物指文物收藏单位以外的公民、法人和其他组织通过合法合规方式取得的文物。合法合规方式包含：依法继承或者接受赠与而取得；通过文物商店购买取得；通过从经营文物拍卖的拍卖企业购买取得；公民个人合法所有的文物相互交换或者依法转让取得。文物收藏单位以外的公民、法人和其他组织通过以上方式取得的文物可以依法流通。

（二）文物的保护管理

1. 文物的级别

可移动文物，分为珍贵文物和一般文物；珍贵文物又分为一级文物、二级文物、三级文物。不可移动文物，根据历史、艺术、科学价值为标准可以确定为全国重点文物保护单位、省级、市县级文物保护单位。

2. 文物的保护管理

根据《文物保护法》规定，我国对文物保护坚持保护为主、抢救第一、合理利用、加强管理的原则方针。进行基本建设、旅游发展必须遵守文物保护工作的方针，其活动不得对文物造成损害。一切机关、组织和个人都负有依法保护文物的义务。

各级文物保护单位，分别由省、自治区、直辖市人民政府和市、县级人民政府划定必要的保护范围，做出标志说明，建立记录档案，并区别情况分别设置专门机构或者专人负责管理。

各级单位对文物单位制定的保护措施，需入城乡建设规划。文物保护单位的保护范围内不得进行其他建设工程或者爆破、钻探、挖掘等作业。但是，因特殊情况需要在文物保护单位的保护范围内进行其他建设工程或者爆破、钻探、挖掘等作业的，必须保证文物保护单位的安全，并经核定公布该文物保护单位的人民政府批准，在批准前应当征得上一级人民政府文物行政部门同意；在全国重点文物保护单位的保护范围内进行其他建设工程或者爆破、钻探、挖掘等作业的，必须经省、自治区、直辖市人民政府批准，在批准前应当征得国务院文物行政部门同意。

为确保文物保护单位的历史风貌不被破坏，经省、自治区、直辖市人民政府批准，可以在文物保护单位的周围划出一定的建设控制地带，并予以公布。在文物保护单位的建设控制地带内进行建设工程，不得破坏文物保护单位的历史风貌；工程设计方案应当根据文物保护单位的级别，经相应的文物行政部门同意后，报城乡建设规划部门批准。对危害文物保护单位安全、破坏文物保护单位历史风貌的建筑物、构筑物，当地人民政府应当及时调查处理，必要时对该建筑物、构筑物予以拆迁。

对不可移动文物进行修缮、保养、迁移，必须遵守不改变文物原状的原则。建设工程选址，应当尽可能避开不可移动文物；因特殊情况不能避开的，对文物保护单位应当尽可能实施原址保护。实施原址保护的，建设单位应当事先确定保护措施，根据文物保护单位的级别报相应的文物行政部门批准，并将保护措施列入可行性研究报告或者设计任务书。无法实施原址保护，必须迁移异地保护或者拆除的，应当报省、自治区、直辖市人民政府批准；迁移或者拆除省级文物保护单位的，批准前须征得国务院文物行政部门同意。全国重点文物保护单位不得拆除；需要迁移的，须由省、自治区、直辖市人民政府报国务院批准。

（三）文物买卖、捐赠的相关规定

文物收藏单位以外的公民、法人和其他组织不得买卖下列文物：

（1）国有文物，但是国家允许的除外；

（2）非国有馆藏珍贵文物；

（3）国有不可移动文物中的壁画、雕塑、建筑构件等，但是依法拆除的国有不可移动文物中的壁画、雕塑、建筑构件等不属于本法第二十条第四款规定的应由文物收藏单位收藏的除外；

（4）通过合法途径购买、赠与、拍卖、交换或转让等取得方式之外的文物。

国家鼓励文物收藏单位以外的公民、法人和其他组织将其收藏的文物捐赠给国有文物收藏单位或者出借给文物收藏单位展览和研究。

国家禁止出境的文物，不得转让、出租、质押给外国人。

二、博物馆管理政策法规

（一）博物馆的含义、分类和隶属

博物馆是指收藏、保护、研究、展示人类活动和自然环境的见证物，经过文物行政部门审核、相关行政部门批准许可取得法人资格，向公众开放的非营利性社会服务机构。

博物馆分为国有博物馆和非国有博物馆。国有博物馆指利用或主要利用国有文物、标本、资料等资产而设立的博物馆；非国有博物馆是指利用或主要利用非国有文物、标本、资料等资产而设立的博物馆。

国务院文物行政部门是全国博物馆的主管领导部门。县级以上地方文物行政部门对本行政区域内的博物馆实施监督和管理。

（二）博物馆保护利用的相关规定

国家鼓励博物馆向公众免费开放。县级以上人民政府应当对向公众免费开放的博物馆给予必要的经费支持。

博物馆未实行免费开放的，其门票、收费的项目和标准按照国家有关规定执行，并在收费地点的醒目位置予以公布。

博物馆未实行免费开放的，应当对未成年人、成年学生、教师、老年人、残疾人和军人等实行免费或者其他优惠。博物馆实行优惠的项目和标准应当向公众公告。

三、国家级文化生态保护区管理法律制度

国家级文化生态保护区是指以保护非物质文化遗产为核心，对历史文化积淀丰厚、存续状态良好，具有重要价值和鲜明特色的文化形态进行整体性保护，并经文化部和旅游部同意设立的特定区域。《国家"十一五"时期文化发展规划纲

要》提出要"确定 10 个国家级民族民间文化生态保护区"。2018 年,《国家级文化生态保护区管理办法》颁发并于 2019 年 3 月 1 日起开始实施,该办法对国家级文化生态保护区的申报与设立、建设与管理做出了全面的规范要求。

建立国家级文化生态保护区是加强非物质文化遗产保护的一种创新型举措。根据《国家级文化生态保护区管理办法》,国家级文化生态保护区建设管理机构应当依托区域内独具特色的文化生态资源,开展文化观光游、文化体验游、文化休闲游等多种形式的旅游活动。截至 2020 年 6 月,我国已批准闽南文化生态保护区等 7 个国家级文化生态保护区,景德镇陶瓷文化生态保护实验区等 17 个国家级文化生态保护实验区。

第四节　旅游景区管理政策法规

一、旅游景区概述

国家旅游局 2012 年印发的《旅游景区质量等级管理办法》第二条规定,旅游景区是指可接待旅游者,具有观赏游憩、文化娱乐等功能,具备相应旅游服务设施并提供相应旅游服务,且具有相对完整管理系统的游览区。次年通过的《旅游法》规定,旅游景区是指为旅游者提供游览服务、有明确的管理界限的场所或者区域。

从上述法规对旅游景区的界定可以看出,旅游景区应该具备两个最基本的要素,一是具有游览价值,二是具有管理保障,两者缺一不可。旅游景区具有游览价值,才能对游客形成吸引力。而具有相应的管理保障则是景区运营的基本条件,也是保护游客权益的必然要求。仅具有游览休闲价值,不具有管理保障的区域可以是旅游资源,但是不能称之为旅游景区。旅游景区的这一特性也要求国家建立和完善相关旅游景区管理的政策法规,从而保障旅游景区能够有序运营,保障游客权益不受损害。

二、旅游景区质量等级评定制度

为提升景区服务质量和管理水平，增强景区品牌影响力和市场吸引力，1999年国家旅游局开始实行A级景区评定制度。后陆续出台《旅游景区（点）质量等级评定办法》《旅游景区质量等级评定管理办法》等。目前实施的是国家旅游局2012年印发的《旅游景区质量等级管理办法》。

（一）评定范围与原则

凡在中华人民共和国境内正式开业一年以上的旅游景区，均可申请质量等级。旅游景区质量划分为5个等级，从低到高依次为1A、2A、3A、4A、5A。

旅游景区质量等级管理，遵循自愿申报、分级评定、动态管理、以人为本、持续发展的原则。

（二）申请与评定

3A级及以下等级旅游景区由全国旅游景区质量等级评定委员会授权各省级旅游景区质量等级评定委员会负责评定，省级旅游景区评定委员会可向条件成熟的地市级旅游景区评定委员会再行授权。

4A级旅游景区由省级旅游景区质量等级评定委员会推荐，全国旅游景区质量等级评定委员会组织评定。

5A级旅游景区从4A级旅游景区中产生。被公告为4A级三年以上的旅游景区可申报5A级旅游景区。5A级旅游景区由省级旅游景区质量等级评定委员会推荐，全国旅游景区质量等级评定委员会组织评定。

按照《旅游景区质量等级评定与划分》规定，A级景区的评定主要以服务质量与环境质量、景观质量、游客意见作为评价的依据。

（三）质量等级的监督与管理

各级旅游景区质量等级评定机构对所评旅游景区要进行监督检查和复核。监督检查采取重点抽查、定期明查和不定期暗访以及社会调查、听取游客意见反馈等方式进行。全国旅游景区质量等级评定委员会负责建立全国旅游景区动态监测与游客评价系统和景区信息管理系统，系统收集相关信息和游客评价意见，作为对旅游景区监督检查和复核依据之一。

4A级及以下等级景区复核工作主要由省级质量等级评定委员会组织和实施，复核分为年度复核与五年期满的评定性复核。年度复核采取抽查的方式，复核比例不低于10%。5A级旅游景区复核工作由全国旅游景区质量等级评定委员会负责，每年复核比例不低于10%。经复核达不到要求的，视情节给予相应处理。

对景区处理方式包括签发警告通知书、通报批评、降低或取消等级。旅游景区接到警告通知书、通报批评、降低或取消等级的通知后，须认真整改，并在规定期限内将整改情况上报相应的等级评定机构。旅游景区被处以签发警告通知书和通报批评处理后，整改期满仍未达标的，将给予降低或取消等级处理。凡被降低、取消质量等级的旅游景区，自降低或取消等级之日起一年内不得重新申请等级。

三、旅游景区的经营管理规定

（一）开放条件

根据《旅游法》第四十二条规定，景区开放应当具备下列条件：

1. 有必要的旅游配套服务和辅助设施；
2. 有必要的安全设施及制度，经过安全风险评估，满足安全条件；
3. 有必要的环境保护设施和生态保护措施；
4. 法律、行政法规规定的其他条件。

（二）收费管理

利用公共资源建设的景区的门票以及景区内的游览场所、交通工具等另行收费项目，实行政府定价或者政府指导价，严格控制价格上涨。拟收费或者提高价格的，应当举行听证会，征求旅游者、经营者和有关方面的意见，论证其必要性、可行性。

利用公共资源建设的景区，不得通过增加另行收费项目等方式变相涨价。另行收费项目已收回投资成本的，应当相应降低价格或者取消收费。

公益性的城市公园、博物馆、纪念馆等，除重点文物保护单位和珍贵文物收藏单位外，应当逐步免费开放。

景区应当在醒目位置公示门票价格、另行收费项目的价格及团体收费价格。景区提高门票价格应当提前六个月公布。

将不同景区的门票或者同一景区内不同游览场所的门票合并出售的，合并后的价格不得高于各单项门票的价格之和，且旅游者有权选择购买其中的单项票。

景区内的核心游览项目因故暂停向旅游者开放或者停止提供服务的，应当公示并相应减少收费。

（三）流量控制

景区接待旅游者不得超过景区主管部门核定的最大承载量。景区应当公布景区主管部门核定的最大承载量，制定和实施旅游者流量控制方案，并可以采取门票预约等方式，对景区接待旅游者的数量进行控制。

旅游者数量可能达到最大承载量时，景区应当提前公告并同时向当地人民政府报告，景区和当地人民政府应当及时采取疏导、分流等措施。

2014年，国家旅游局发布《景区最大承载量核定导则》，要求景区结合国家、地方和行业已颁布的相关法规、政策、标准，采用定量与定性、理论与经验相结合的方法核定最大承载量。

课程思政点

1. 爱国。资源禀赋是指一个国家或地区拥有相关资源的状况，与旅行社产品开发相关的资源因素包括自然资源、人文资源、社会资源和人力资源等。我国是一个有着5000多年历史，拥有960万平方公里国土面积的泱泱大国，不仅具有丰富多样的自然旅游资源，也有璀璨夺目的人文旅游资源。生活在这样的国度是幸运的，也是幸福的。每一个中国人都应该为生活在这样一个国度而感到自豪和骄傲。

2. 文明。旅游资源乃旅游业的基础。做好旅游资源保护是首要的任务，是由旅游资源的不可替代性特点决定的。旅游资源在遭受轻微破坏之后，有些可以自然恢复，例如植被，但需要很长的时间；有些可以利用人力重新复原，例如建筑物、植被等，当然需付出很大的经济代价，也需要相当长的时间（植被的恢复更是如此）。但有些旅游资源，例如自然旅游资源中的山体、洞穴、古生物化石等，人文旅游资源中的文物古迹等，一经破坏便根本不可能恢复，因此需要全体国人以实际行动加以维护。作为游客，在对人文旅游资源和自然遗产资源等的游览、体验过程中，要自觉遵守管理规定，强化责任意识，保护旅游资源，做到文明旅游。

拓展与深化题

1. 旅游资源既需要保护，也需要开发利用。一般来说，应该遵循的原则是在保护好的前提下开发，在开发利用中强化保护。但是，从实际情况来看，尽管相关法规有严格的规定，但是一些地方政府或企业基于利益的驱动，破坏性开发屡禁不止，对旅游资源造成了很大的损害，有些损害还是致命的。面对这样的情况，你认为各级政府与相关企业如何处理好旅游资源的保护和利用的关系呢？或者你有哪些更有效的举措？

附录 A 中华人民共和国旅游法

2013年4月25日第十二届全国人民代表大会常务委员会第二次会议通过。根据2016年11月7日第十二届全国人民代表大会常务委员会第二十四次会议《关于修改〈中华人民共和国对外贸易法〉等十二部法律的决定》第一次修正。根据2018年10月26日第十三届全国人民代表大会常务委员会第六次会议《关于修改〈中华人民共和国野生动物保护法〉等十五部法律的决定》第二次修正。

目 录

第一章 总 则

第二章 旅游者

第三章 旅游规划和促进

第四章 旅游经营

第五章 旅游服务合同

第六章 旅游安全

第七章 旅游监督管理

第八章 旅游纠纷处理

第九章 法律责任

第十章 附 则

第一章 总 则

第一条 为保障旅游者和旅游经营者的合法权益，规范旅游市场秩序，保护和合理利用旅游资源，促进旅游业持续健康发展，制定本法。

第二条 在中华人民共和国境内的和在中华人民共和国境内组织到境外的游览、度假、休闲等形式的旅游活动以及为旅游活动提供相关服务的经营活动，适用本法。

第三条 国家发展旅游事业，完善旅游公共服务，依法保护旅游者在旅游活动中的权利。

第四条 旅游业发展应当遵循社会效益、经济效益和生态效益相统一的原则。国家鼓励各类市场主体在有效保护旅游资源的前提下，依法合理利用旅游资源。利用公共资源建设的游览场所应当体现公益性质。

第五条 国家倡导健康、文明、环保的旅游方式，支持和鼓励各类社会机构开展旅游公益宣传，对促进旅游业发展做出突出贡献的单位和个人给予奖励。

第六条 国家建立健全旅游服务标准和市场规则，禁止行业垄断和地区垄断。旅游经营者应当诚信经营，公平竞争，承担社会责任，为旅游者提供安全、健康、卫生、方便的旅游服务。

第七条 国务院建立健全旅游综合协调机制，对旅游业发展进行综合协调。

县级以上地方人民政府应当加强对旅游工作的组织和领导，明确相关部门或者机构，对本行政区域的旅游业发展和监督管理进行统筹协调。

第八条 依法成立的旅游行业组织，实行自律管理。

第二章 旅游者

第九条 旅游者有权自主选择旅游产品和服务，有权拒绝旅游经营者的强制交易行为。

旅游者有权知悉其购买的旅游产品和服务的真实情况。

旅游者有权要求旅游经营者按照约定提供产品和服务。

第十条 旅游者的人格尊严、民族风俗习惯和宗教信仰应当得到尊重。

第十一条 残疾人、老年人、未成年人等旅游者在旅游活动中依照法律、法规和有关规定享受便利和优惠。

第十二条 旅游者在人身、财产安全遇有危险时，有请求救助和保护的权利。旅游者人身、财产受到侵害的，有依法获得赔偿的权利。

第十三条 旅游者在旅游活动中应当遵守社会公共秩序和社会公德，尊重当地的风俗习惯、文化传统和宗教信仰，爱护旅游资源，保护生态环境，遵守旅游文明行为规范。

第十四条 旅游者在旅游活动中或者在解决纠纷时，不得损害当地居民的合法权益，不得干扰他人的旅游活动，不得损害旅游经营者和旅游从业人员的合法权益。

第十五条 旅游者购买、接受旅游服务时，应当向旅游经营者如实告知与旅游活动相关的个人健康信息，遵守旅游活动中的安全警示规定。

旅游者对国家应对重大突发事件暂时限制旅游活动的措施以及有关部门、机构或者旅游经营者采取的安全防范和应急处置措施，应当予以配合。

旅游者违反安全警示规定，或者对国家应对重大突发事件暂时限制旅游活动的措施、安全防范和应急处置措施不予配合的，依法承担相应责任。

第十六条 出境旅游者不得在境外非法滞留，随团出境的旅游者不得擅自分团、脱团。

入境旅游者不得在境内非法滞留，随团入境的旅游者不得擅自分团、脱团。

第三章 旅游规划和促进

第十七条 国务院和县级以上地方人民政府应当将旅游业发展纳入国民经济和社会发展规划。

国务院和省、自治区、直辖市人民政府以及旅游资源丰富的设区的市和县级人民政府，应当按照国民经济和社会发展规划的要求，组织编制旅游发展规划。对跨行政区域且适宜进行整体利用的旅游资源进行利用时，应当由上级人民政府组织编制或者由相关地方人民政府协商编制统一的旅游发展规划。

第十八条 旅游发展规划应当包括旅游业发展的总体要求和发展目标，旅游资源保护和利用的要求和措施，以及旅游产品开发、旅游服务质量提升、旅游文化建设、旅游形象推广、旅游基础设施和公共服务设施建设的要求和促进措施等内容。

根据旅游发展规划，县级以上地方人民政府可以编制重点旅游资源开发利用的专项规划，对特定区域内的旅游项目、设施和服务功能配套提出专门要求。

第十九条　旅游发展规划应当与土地利用总体规划、城乡规划、环境保护规划以及其他自然资源和文物等人文资源的保护和利用规划相衔接。

第二十条　各级人民政府编制土地利用总体规划、城乡规划，应当充分考虑相关旅游项目、设施的空间布局和建设用地要求。规划和建设交通、通信、供水、供电、环保等基础设施和公共服务设施，应当兼顾旅游业发展的需要。

第二十一条　对自然资源和文物等人文资源进行旅游利用，必须严格遵守有关法律、法规的规定，符合资源、生态保护和文物安全的要求，尊重和维护当地传统文化和习俗，维护资源的区域整体性、文化代表性和地域特殊性，并考虑军事设施保护的需要。有关主管部门应当加强对资源保护和旅游利用状况的监督检查。

第二十二条　各级人民政府应当组织对本级政府编制的旅游发展规划的执行情况进行评估，并向社会公布。

第二十三条　国务院和县级以上地方人民政府应当制定并组织实施有利于旅游业持续健康发展的产业政策，推进旅游休闲体系建设，采取措施推动区域旅游合作，鼓励跨区域旅游线路和产品开发，促进旅游与工业、农业、商业、文化、卫生、体育、科教等领域的融合，扶持少数民族地区、革命老区、边远地区和贫困地区旅游业发展。

第二十四条　国务院和县级以上地方人民政府应当根据实际情况安排资金，加强旅游基础设施建设、旅游公共服务和旅游形象推广。

第二十五条　国家制定并实施旅游形象推广战略。国务院旅游主管部门统筹组织国家旅游形象的境外推广工作，建立旅游形象推广机构和网络，开展旅游国际合作与交流。

县级以上地方人民政府统筹组织本地的旅游形象推广工作。

第二十六条 国务院旅游主管部门和县级以上地方人民政府应当根据需要建立旅游公共信息和咨询平台，无偿向旅游者提供旅游景区、线路、交通、气象、住宿、安全、医疗急救等必要信息和咨询服务。设区的市和县级人民政府有关部门应当根据需要在交通枢纽、商业中心和旅游者集中场所设置旅游咨询中心，在景区和通往主要景区的道路设置旅游指示标识。

旅游资源丰富的设区的市和县级人民政府可以根据本地的实际情况，建立旅游客运专线或者游客中转站，为旅游者在城市及周边旅游提供服务。

第二十七条 国家鼓励和支持发展旅游职业教育和培训，提高旅游从业人员素质。

第四章 旅游经营

第二十八条 设立旅行社，招徕、组织、接待旅游者，为其提供旅游服务，应当具备下列条件，取得旅游主管部门的许可，依法办理工商登记：

（一）有固定的经营场所；

（二）有必要的营业设施；

（三）有符合规定的注册资本；

（四）有必要的经营管理人员和导游；

（五）法律、行政法规规定的其他条件。

第二十九条 旅行社可以经营下列业务：

（一）境内旅游；

（二）出境旅游；

（三）边境旅游；

（四）入境旅游；

（五）其他旅游业务。

旅行社经营前款第二项和第三项业务，应当取得相应的业务经营许可，具体条件由国务院规定。

第三十条 旅行社不得出租、出借旅行社业务经营许可证，或者以其他形式非法转让旅行社业务经营许可。

第三十一条 旅行社应当按照规定交纳旅游服务质量保证金，用于旅游者权益损害赔偿和垫付旅游者人身安全遇有危险时紧急救助的费用。

第三十二条 旅行社为招徕、组织旅游者发布信息，必须真实、准确，不得进行虚假宣传，误导旅游者。

第三十三条 旅行社及其从业人员组织、接待旅游者，不得安排参观或者参与违反我国法律、法规和社会公德的项目或者活动。

第三十四条 旅行社组织旅游活动应当向合格的供应商订购产品和服务。

第三十五条 旅行社不得以不合理的低价组织旅游活动，诱骗旅游者，并通过安排购物或者另行付费旅游项目获取回扣等不正当利益。

旅行社组织、接待旅游者，不得指定具体购物场所，不得安排另行付费旅游项目。但是，经双方协商一致或者旅游者要求，且不影响其他旅游者行程安排的除外。

发生违反前两款规定情形的，旅游者有权在旅游行程结束后三十日内，要求旅行社为其办理退货并先行垫付退货货款，或者退还另行付费旅游项目的费用。

第三十六条 旅行社组织团队出境旅游或者组织、接待团队入境旅游，应当按照规定安排领队或者导游全程陪同。

第三十七条 参加导游资格考试成绩合格，与旅行社订立劳动合同或者在相关旅游行业组织注册的人员，可以申请取得导游证。

第三十八条 旅行社应当与其聘用的导游依法订立劳动合同，支付劳动报酬，缴纳社会保险费用。

旅行社临时聘用导游为旅游者提供服务的，应当全额向导游支付本法第六十条第三款规定的导游服务费用。

旅行社安排导游为团队旅游提供服务的，不得要求导游垫付或者向导游收取任何费用。

第三十九条　从事领队业务,应当取得导游证,具有相应的学历、语言能力和旅游从业经历,并与委派其从事领队业务的取得出境旅游业务经营许可的旅行社订立劳动合同。

第四十条　导游和领队为旅游者提供服务必须接受旅行社委派,不得私自承揽导游和领队业务。

第四十一条　导游和领队从事业务活动,应当佩戴导游证,遵守职业道德,尊重旅游者的风俗习惯和宗教信仰,应当向旅游者告知和解释旅游文明行为规范,引导旅游者健康、文明旅游,劝阻旅游者违反社会公德的行为。

导游和领队应当严格执行旅游行程安排,不得擅自变更旅游行程或者中止服务活动,不得向旅游者索取小费,不得诱导、欺骗、强迫或者变相强迫旅游者购物或者参加另行付费旅游项目。

第四十二条　景区开放应当具备下列条件,并听取旅游主管部门的意见:

(一)有必要的旅游配套服务和辅助设施;

(二)有必要的安全设施及制度,经过安全风险评估,满足安全条件;

(三)有必要的环境保护设施和生态保护措施;

(四)法律、行政法规规定的其他条件。

第四十三条　利用公共资源建设的景区的门票以及景区内的游览场所、交通工具等另行收费项目,实行政府定价或者政府指导价,严格控制价格上涨。拟收费或者提高价格的,应当举行听证会,征求旅游者、经营者和有关方面的意见,论证其必要性、可行性。

利用公共资源建设的景区,不得通过增加另行收费项目等方式变相涨价;另行收费项目已收回投资成本的,应当相应降低价格或者取消收费。

公益性的城市公园、博物馆、纪念馆等,除重点文物保护单位和珍贵文物收藏单位外,应当逐步免费开放。

第四十四条　景区应当在醒目位置公示门票价格、另行收费项目的价格及团体收费价格。景区提高门票价格应当提前六个月公布。

将不同景区的门票或者同一景区内不同游览场所的门票合并出售的，合并后的价格不得高于各单项门票的价格之和，且旅游者有权选择购买其中的单项票。

景区内的核心游览项目因故暂停向旅游者开放或者停止提供服务的，应当公示并相应减少收费。

第四十五条 景区接待旅游者不得超过景区主管部门核定的最大承载量。景区应当公布景区主管部门核定的最大承载量，制定和实施旅游者流量控制方案，并可以采取门票预约等方式，对景区接待旅游者的数量进行控制。

旅游者数量可能达到最大承载量时，景区应当提前公告并同时向当地人民政府报告，景区和当地人民政府应当及时采取疏导、分流等措施。

第四十六条 城镇和乡村居民利用自有住宅或者其他条件依法从事旅游经营，其管理办法由省、自治区、直辖市制定。

第四十七条 经营高空、高速、水上、潜水、探险等高风险旅游项目，应当按照国家有关规定取得经营许可。

第四十八条 通过网络经营旅行社业务的，应当依法取得旅行社业务经营许可，并在其网站主页的显著位置标明其业务经营许可证信息。

发布旅游经营信息的网站，应当保证其信息真实、准确。

第四十九条 为旅游者提供交通、住宿、餐饮、娱乐等服务的经营者，应当符合法律、法规规定的要求，按照合同约定履行义务。

第五十条 旅游经营者应当保证其提供的商品和服务符合保障人身、财产安全的要求。

旅游经营者取得相关质量标准等级的，其设施和服务不得低于相应标准；未取得质量标准等级的，不得使用相关质量等级的称谓和标识。

第五十一条 旅游经营者销售、购买商品或者服务，不得给予或者收受贿赂。

第五十二条 旅游经营者对其在经营活动中知悉的旅游者个人信息，应当予以保密。

第五十三条 从事道路旅游客运的经营者应当遵守道路客运安全管理的各

项制度，并在车辆显著位置明示道路旅游客运专用标识，在车厢内显著位置公示经营者和驾驶人信息、道路运输管理机构监督电话等事项。

第五十四条 景区、住宿经营者将其部分经营项目或者场地交由他人从事住宿、餐饮、购物、游览、娱乐、旅游交通等经营的，应当对实际经营者的经营行为给旅游者造成的损害承担连带责任。

第五十五条 旅游经营者组织、接待出入境旅游，发现旅游者从事违法活动或者有违反本法第十六条规定情形的，应当及时向公安机关、旅游主管部门或者我国驻外机构报告。

第五十六条 国家根据旅游活动的风险程度，对旅行社、住宿、旅游交通以及本法第四十七条规定的高风险旅游项目等经营者实施责任保险制度。

第五章　旅游服务合同

第五十七条 旅行社组织和安排旅游活动，应当与旅游者订立合同。

第五十八条 包价旅游合同应当采用书面形式，包括下列内容：

（一）旅行社、旅游者的基本信息；

（二）旅游行程安排；

（三）旅游团成团的最低人数；

（四）交通、住宿、餐饮等旅游服务安排和标准；

（五）游览、娱乐等项目的具体内容和时间；

（六）自由活动时间安排；

（七）旅游费用及其交纳的期限和方式；

（八）违约责任和解决纠纷的方式；

（九）法律、法规规定和双方约定的其他事项。

订立包价旅游合同时，旅行社应当向旅游者详细说明前款第二项至第八项所载内容。

第五十九条 旅行社应当在旅游行程开始前向旅游者提供旅游行程单。旅游行程单是包价旅游合同的组成部分。

第六十条 旅行社委托其他旅行社代理销售包价旅游产品并与旅游者订立包价旅游合同的，应当在包价旅游合同中载明委托社和代理社的基本信息。

旅行社依照本法规定将包价旅游合同中的接待业务委托给地接社履行的，应当在包价旅游合同中载明地接社的基本信息。

安排导游为旅游者提供服务的，应当在包价旅游合同中载明导游服务费用。

第六十一条 旅行社应当提示参加团队旅游的旅游者按照规定投保人身意外伤害保险。

第六十二条 订立包价旅游合同时，旅行社应当向旅游者告知下列事项：

（一）旅游者不适合参加旅游活动的情形；

（二）旅游活动中的安全注意事项；

（三）旅行社依法可以减免责任的信息；

（四）旅游者应当注意的旅游目的地相关法律、法规和风俗习惯、宗教禁忌，依照中国法律不宜参加的活动等；

（五）法律、法规规定的其他应当告知的事项。

在包价旅游合同履行中，遇有前款规定事项的，旅行社也应当告知旅游者。

第六十三条 旅行社招徕旅游者组团旅游，因未达到约定人数不能出团的，组团社可以解除合同。但是，境内旅游应当至少提前七日通知旅游者，出境旅游应当至少提前三十日通知旅游者。

因未达到约定人数不能出团的，组团社经征得旅游者书面同意，可以委托其他旅行社履行合同。组团社对旅游者承担责任，受委托的旅行社对组团社承担责任。旅游者不同意的，可以解除合同。

因未达到约定的成团人数解除合同的，组团社应当向旅游者退还已收取的全部费用。

第六十四条 旅游行程开始前，旅游者可以将包价旅游合同中自身的权利义务转让给第三人，旅行社没有正当理由的不得拒绝，因此增加的费用由旅游者和第三人承担。

第六十五条 旅游行程结束前,旅游者解除合同的,组团社应当在扣除必要的费用后,将余款退还旅游者。

第六十六条 旅游者有下列情形之一的,旅行社可以解除合同:

(一)患有传染病等疾病,可能危害其他旅游者健康和安全的;

(二)携带危害公共安全的物品且不同意交有关部门处理的;

(三)从事违法或者违反社会公德的活动的;

(四)从事严重影响其他旅游者权益的活动,且不听劝阻、不能制止的;

(五)法律规定的其他情形。

因前款规定情形解除合同的,组团社应当在扣除必要的费用后,将余款退还旅游者;给旅行社造成损失的,旅游者应当依法承担赔偿责任。

第六十七条 因不可抗力或者旅行社、履行辅助人已尽合理注意义务仍不能避免的事件,影响旅游行程的,按照下列情形处理:

(一)合同不能继续履行的,旅行社和旅游者均可以解除合同。合同不能完全履行的,旅行社经向旅游者做出说明,可以在合理范围内变更合同;旅游者不同意变更的,可以解除合同。

(二)合同解除的,组团社应当在扣除已向地接社或者履行辅助人支付且不可退还的费用后,将余款退还旅游者;合同变更的,因此增加的费用由旅游者承担,减少的费用退还旅游者。

(三)危及旅游者人身、财产安全的,旅行社应当采取相应的安全措施,因此支出的费用,由旅行社与旅游者分担。

(四)造成旅游者滞留的,旅行社应当采取相应的安置措施。因此增加的食宿费用,由旅游者承担;增加的返程费用,由旅行社与旅游者分担。

第六十八条 旅游行程中解除合同的,旅行社应当协助旅游者返回出发地或者旅游者指定的合理地点。由于旅行社或者履行辅助人的原因导致合同解除的,返程费用由旅行社承担。

第六十九条 旅行社应当按照包价旅游合同的约定履行义务,不得擅自变更旅游行程安排。

经旅游者同意，旅行社将包价旅游合同中的接待业务委托给其他具有相应资质的地接社履行的，应当与地接社订立书面委托合同，约定双方的权利和义务，向地接社提供与旅游者订立的包价旅游合同的副本，并向地接社支付不低于接待和服务成本的费用。地接社应当按照包价旅游合同和委托合同提供服务。

第七十条　旅行社不履行包价旅游合同义务或者履行合同义务不符合约定的，应当依法承担继续履行、采取补救措施或者赔偿损失等违约责任；造成旅游者人身损害、财产损失的，应当依法承担赔偿责任。旅行社具备履行条件，经旅游者要求仍拒绝履行合同，造成旅游者人身损害、滞留等严重后果的，旅游者还可以要求旅行社支付旅游费用一倍以上三倍以下的赔偿金。

由于旅游者自身原因导致包价旅游合同不能履行或者不能按照约定履行，或者造成旅游者人身损害、财产损失的，旅行社不承担责任。

在旅游者自行安排活动期间，旅行社未尽到安全提示、救助义务的，应当对旅游者的人身损害、财产损失承担相应责任。

第七十一条　由于地接社、履行辅助人的原因导致违约的，由组团社承担责任；组团社承担责任后可以向地接社、履行辅助人追偿。

由于地接社、履行辅助人的原因造成旅游者人身损害、财产损失的，旅游者可以要求地接社、履行辅助人承担赔偿责任，也可以要求组团社承担赔偿责任；组团社承担责任后可以向地接社、履行辅助人追偿。但是，由于公共交通经营者的原因造成旅游者人身损害、财产损失的，由公共交通经营者依法承担赔偿责任，旅行社应当协助旅游者向公共交通经营者索赔。

第七十二条　旅游者在旅游活动中或者在解决纠纷时，损害旅行社、履行辅助人、旅游从业人员或者其他旅游者的合法权益的，依法承担赔偿责任。

第七十三条　旅行社根据旅游者的具体要求安排旅游行程，与旅游者订立包价旅游合同的，旅游者请求变更旅游行程安排，因此增加的费用由旅游者承担，减少的费用退还旅游者。

第七十四条　旅行社接受旅游者的委托，为其代订交通、住宿、餐饮、游览、娱乐等旅游服务，收取代办费用的，应当亲自处理委托事务。因旅行社的过错给旅游者造成损失的，旅行社应当承担赔偿责任。

旅行社接受旅游者的委托，为其提供旅游行程设计、旅游信息咨询等服务的，应当保证设计合理、可行，信息及时、准确。

第七十五条　住宿经营者应当按照旅游服务合同的约定为团队旅游者提供住宿服务。住宿经营者未能按照旅游服务合同提供服务的，应当为旅游者提供不低于原定标准的住宿服务，因此增加的费用由住宿经营者承担；但由于不可抗力、政府因公共利益需要采取措施造成不能提供服务的，住宿经营者应当协助安排旅游者住宿。

第六章　旅游安全

第七十六条　县级以上人民政府统一负责旅游安全工作。县级以上人民政府有关部门依照法律、法规履行旅游安全监管职责。

第七十七条　国家建立旅游目的地安全风险提示制度。旅游目的地安全风险提示的级别划分和实施程序，由国务院旅游主管部门会同有关部门制定。

县级以上人民政府及其有关部门应当将旅游安全作为突发事件监测和评估的重要内容。

第七十八条　县级以上人民政府应当依法将旅游应急管理纳入政府应急管理体系，制定应急预案，建立旅游突发事件应对机制。

突发事件发生后，当地人民政府及其有关部门和机构应当采取措施开展救援，并协助旅游者返回出发地或者旅游者指定的合理地点。

第七十九条　旅游经营者应当严格执行安全生产管理和消防安全管理的法律、法规和国家标准、行业标准，具备相应的安全生产条件，制定旅游者安全保护制度和应急预案。

旅游经营者应当对直接为旅游者提供服务的从业人员开展经常性应急救助技能培训，对提供的产品和服务进行安全检验、监测和评估，采取必要措施防止危害发生。

旅游经营者组织、接待老年人、未成年人、残疾人等旅游者，应当采取相应的安全保障措施。

第八十条 旅游经营者应当就旅游活动中的下列事项，以明示的方式事先向旅游者做出说明或者警示：

（一）正确使用相关设施、设备的方法；

（二）必要的安全防范和应急措施；

（三）未向旅游者开放的经营、服务场所和设施、设备；

（四）不适宜参加相关活动的群体；

（五）可能危及旅游者人身、财产安全的其他情形。

第八十一条 突发事件或者旅游安全事故发生后，旅游经营者应当立即采取必要的救助和处置措施，依法履行报告义务，并对旅游者做出妥善安排。

第八十二条 旅游者在人身、财产安全遇有危险时，有权请求旅游经营者、当地政府和相关机构进行及时救助。

中国出境旅游者在境外陷于困境时，有权请求我国驻当地机构在其职责范围内给予协助和保护。

旅游者接受相关组织或者机构的救助后，应当支付应由个人承担的费用。

第七章　旅游监督管理

第八十三条 县级以上人民政府旅游主管部门和有关部门依照本法和有关法律、法规的规定，在各自职责范围内对旅游市场实施监督管理。

县级以上人民政府应当组织旅游主管部门、有关主管部门和市场监督管理、交通等执法部门对相关旅游经营行为实施监督检查。

第八十四条 旅游主管部门履行监督管理职责，不得违反法律、行政法规的规定向监督管理对象收取费用。

旅游主管部门及其工作人员不得参与任何形式的旅游经营活动。

第八十五条 县级以上人民政府旅游主管部门有权对下列事项实施监督

检查：

（一）经营旅行社业务以及从事导游、领队服务是否取得经营、执业许可；

（二）旅行社的经营行为；

（三）导游和领队等旅游从业人员的服务行为；

（四）法律、法规规定的其他事项。

旅游主管部门依照前款规定实施监督检查，可以对涉嫌违法的合同、票据、账簿以及其他资料进行查阅、复制。

第八十六条 旅游主管部门和有关部门依法实施监督检查，其监督检查人员不得少于二人，并应当出示合法证件。监督检查人员少于二人或者未出示合法证件的，被检查单位和个人有权拒绝。

监督检查人员对在监督检查中知悉的被检查单位的商业秘密和个人信息应当依法保密。

第八十七条 对依法实施的监督检查，有关单位和个人应当配合，如实说明情况并提供文件、资料，不得拒绝、阻碍和隐瞒。

第八十八条 县级以上人民政府旅游主管部门和有关部门，在履行监督检查职责中或者在处理举报、投诉时，发现违反本法规定行为的，应当依法及时做出处理；对不属于本部门职责范围的事项，应当及时书面通知并移交有关部门查处。

第八十九条 县级以上地方人民政府建立旅游违法行为查处信息的共享机制，对需要跨部门、跨地区联合查处的违法行为，应当进行督办。

旅游主管部门和有关部门应当按照各自职责，及时向社会公布监督检查的情况。

第九十条 依法成立的旅游行业组织依照法律、行政法规和章程的规定，制定行业经营规范和服务标准，对其会员的经营行为和服务质量进行自律管理，组织开展职业道德教育和业务培训，提高从业人员素质。

第八章　旅游纠纷处理

第九十一条 县级以上人民政府应当指定或者设立统一的旅游投诉受理机

构。受理机构接到投诉，应当及时进行处理或者移交有关部门处理，并告知投诉者。

第九十二条　旅游者与旅游经营者发生纠纷，可以通过下列途径解决：

（一）双方协商；

（二）向消费者协会、旅游投诉受理机构或者有关调解组织申请调解；

（三）根据与旅游经营者达成的仲裁协议提请仲裁机构仲裁；

（四）向人民法院提起诉讼。

第九十三条　消费者协会、旅游投诉受理机构和有关调解组织在双方自愿的基础上，依法对旅游者与旅游经营者之间的纠纷进行调解。

第九十四条　旅游者与旅游经营者发生纠纷，旅游者一方人数众多并有共同请求的，可以推选代表人参加协商、调解、仲裁、诉讼活动。

第九章　法律责任

第九十五条　违反本法规定，未经许可经营旅行社业务的，由旅游主管部门或者市场监督管理部门责令改正，没收违法所得，并处一万元以上十万元以下罚款；违法所得十万元以上的，并处违法所得一倍以上五倍以下罚款；对有关责任人员，处二千元以上二万元以下罚款。

旅行社违反本法规定，未经许可经营本法第二十九条第一款第二项、第三项业务，或者出租、出借旅行社业务经营许可证，或者以其他方式非法转让旅行社业务经营许可的，除依照前款规定处罚外，并责令停业整顿；情节严重的，吊销旅行社业务经营许可证；对直接负责的主管人员，处二千元以上二万元以下罚款。

第九十六条　旅行社违反本法规定，有下列行为之一的，由旅游主管部门责令改正，没收违法所得，并处五千元以上五万元以下罚款；情节严重的，责令停业整顿或者吊销旅行社业务经营许可证；对直接负责的主管人员和其他直接责任人员，处二千元以上二万元以下罚款：

（一）未按照规定为出境或者入境团队旅游安排领队或者导游全程陪同的；

（二）安排未取得导游证的人员提供导游服务或者安排不具备领队条件的人

员提供领队服务的；

（三）未向临时聘用的导游支付导游服务费用的；

（四）要求导游垫付或者向导游收取费用的。

第九十七条　旅行社违反本法规定，有下列行为之一的，由旅游主管部门或者有关部门责令改正，没收违法所得，并处五千元以上五万元以下罚款；违法所得五万元以上的，并处违法所得一倍以上五倍以下罚款；情节严重的，责令停业整顿或者吊销旅行社业务经营许可证；对直接负责的主管人员和其他直接责任人员，处二千元以上二万元以下罚款：

（一）进行虚假宣传，误导旅游者的；

（二）向不合格的供应商订购产品和服务的；

（三）未按照规定投保旅行社责任保险的。

第九十八条　旅行社违反本法第三十五条规定的，由旅游主管部门责令改正，没收违法所得，责令停业整顿，并处三万元以上三十万元以下罚款；违法所得三十万元以上的，并处违法所得一倍以上五倍以下罚款；情节严重的，吊销旅行社业务经营许可证；对直接负责的主管人员和其他直接责任人员，没收违法所得，处二千元以上二万以下罚款，并暂扣或者吊销导游证。

第九十九条　旅行社未履行本法第五十五条规定的报告义务的，由旅游主管部门处五千元以上五万元以下罚款；情节严重的，责令停业整顿或者吊销旅行社业务经营许可证；对直接负责的主管人员和其他直接责任人员，处二千元以上二万元以下罚款，并暂扣或者吊销导游证。

第一百条　旅行社违反本法规定，有下列行为之一的，由旅游主管部门责令改正，处三万元以上三十万元以下罚款，并责令停业整顿；造成旅游者滞留等严重后果的，吊销旅行社业务经营许可证；对直接负责的主管人员和其他直接责任人员，处二千元以上二万元以下罚款，并暂扣或者吊销导游证：

（一）在旅游行程中擅自变更旅游行程安排，严重损害旅游者权益的；

（二）拒绝履行合同的；

（三）未征得旅游者书面同意，委托其他旅行社履行包价旅游合同的。

第一百〇一条 旅行社违反本法规定，安排旅游者参观或者参与违反我国法律、法规和社会公德的项目或者活动的，由旅游主管部门责令改正，没收违法所得，责令停业整顿，并处二万元以上二十万元以下罚款；情节严重的，吊销旅行社业务经营许可证；对直接负责的主管人员和其他直接责任人员，处二千元以上二万元以下罚款，并暂扣或者吊销导游证。

第一百〇二条 违反本法规定，未取得导游证或者不具备领队条件而从事导游、领队活动的，由旅游主管部门责令改正，没收违法所得，并处一千元以上一万元以下罚款，予以公告。

导游、领队违反本法规定，私自承揽业务的，由旅游主管部门责令改正，没收违法所得，处一千元以上一万元以下罚款，并暂扣或者吊销导游证。

导游、领队违反本法规定，向旅游者索取小费的，由旅游主管部门责令退还，处一千元以上一万元以下罚款；情节严重的，并暂扣或者吊销导游证。

第一百〇三条 违反本法规定被吊销导游证的导游、领队和受到吊销旅行社业务经营许可证处罚的旅行社的有关管理人员，自处罚之日起未逾三年的，不得重新申请导游证或者从事旅行社业务。

第一百〇四条 旅游经营者违反本法规定，给予或者收受贿赂的，由市场监督管理部门依照有关法律、法规的规定处罚；情节严重的，并由旅游主管部门吊销旅行社业务经营许可证。

第一百〇五条 景区不符合本法规定的开放条件而接待旅游者的，由景区主管部门责令停业整顿直至符合开放条件，并处二万元以上二十万元以下罚款。

景区在旅游者数量可能达到最大承载量时，未依照本法规定公告或者未向当地人民政府报告，未及时采取疏导、分流等措施，或者超过最大承载量接待旅游者的，由景区主管部门责令改正，情节严重的，责令停业整顿一个月至六个月。

第一百〇六条 景区违反本法规定，擅自提高门票或者另行收费项目的价格,或者有其他价格违法行为的,由有关主管部门依照有关法律、法规的规定处罚。

第一百○七条　旅游经营者违反有关安全生产管理和消防安全管理的法律、法规或者国家标准、行业标准的,由有关主管部门依照有关法律、法规的规定处罚。

第一百○八条　对违反本法规定的旅游经营者及其从业人员,旅游主管部门和有关部门应当记入信用档案,向社会公布。

第一百○九条　旅游主管部门和有关部门的工作人员在履行监督管理职责中,滥用职权、玩忽职守、徇私舞弊,尚不构成犯罪的,依法给予处分。

第一百一十条　违反本法规定,构成犯罪的,依法追究刑事责任。

第十章　附　则

第一百一十一条　本法下列用语的含义:

(一)旅游经营者,是指旅行社、景区以及为旅游者提供交通、住宿、餐饮、购物、娱乐等服务的经营者。

(二)景区,是指为旅游者提供游览服务、有明确的管理界限的场所或者区域。

(三)包价旅游合同,是指旅行社预先安排行程,提供或者通过履行辅助人提供交通、住宿、餐饮、游览、导游或者领队等两项以上旅游服务,旅游者以总价支付旅游费用的合同。

(四)组团社,是指与旅游者订立包价旅游合同的旅行社。

(五)地接社,是指接受组团社委托,在目的地接待旅游者的旅行社。

(六)履行辅助人,是指与旅行社存在合同关系,协助其履行包价旅游合同义务,实际提供相关服务的法人或者自然人。

第一百一十二条　本法自 2013 年 10 月 1 日起施行。

附录 B　旅行社条例

2009年2月20日国务院令第550号公布。根据2016年2月6日《国务院关于修改部分行政法规的决定》第1次修订。根据2017年3月1日《国务院关于修改和废止部分行政法规的决定》第2次修订。根据2020年11月29日《国务院关于修改和废止部分行政法规的决定》第3次修订。

第一章　总则

第一条　为了加强对旅行社的管理，保障旅游者和旅行社的合法权益，维护旅游市场秩序，促进旅游业的健康发展，制定本条例。

第二条　本条例适用于中华人民共和国境内旅行社的设立及经营活动。

本条例所称旅行社，是指从事招徕、组织、接待旅游者等活动，为旅游者提供相关旅游服务，开展国内旅游业务、入境旅游业务或者出境旅游业务的企业法人。

第三条　国务院旅游行政主管部门负责全国旅行社的监督管理工作。

县级以上地方人民政府管理旅游工作的部门按照职责负责本行政区域内旅行社的监督管理工作。

县级以上各级人民政府工商、价格、商务、外汇等有关部门，应当按照职责分工，依法对旅行社进行监督管理。

第四条　旅行社在经营活动中应当遵循自愿、平等、公平、诚信的原则，提高服务质量，维护旅游者的合法权益。

第五条　旅行社行业组织应当按照章程为旅行社提供服务，发挥协调和自律作用，引导旅行社合法、公平竞争和诚信经营。

第二章　旅行社的设立

第六条　申请经营国内旅游业务和入境旅游业务的，应当取得企业法人资格，并且注册资本不少于30万元。

第七条　申请经营国内旅游业务和入境旅游业务的，应当向所在地省、自治区、直辖市旅游行政管理部门或者其委托的设区的市级旅游行政管理部门提出申请，并提交符合本条例第六条规定的相关证明文件。受理申请的旅游行政管理部门应当自受理申请之日起20个工作日内做出许可或者不予许可的决定。予以许可的，向申请人颁发旅行社业务经营许可证；不予许可的，书面通知申请人并说明理由。

第八条　旅行社取得经营许可满两年，且未因侵害旅游者合法权益受到行政机关罚款以上处罚的，可以申请经营出境旅游业务。

第九条　申请经营出境旅游业务的，应当向国务院旅游行政主管部门或者其委托的省、自治区、直辖市旅游行政管理部门提出申请，受理申请的旅游行政管理部门应当自受理申请之日起20个工作日内做出许可或者不予许可的决定。予以许可的，向申请人换发旅行社业务经营许可证；不予许可的，书面通知申请人并说明理由。

第十条　旅行社设立分社的，应当向分社所在地的工商行政管理部门办理设立登记，并自设立登记之日起3个工作日内向分社所在地的旅游行政管理部门备案。

旅行社分社的设立不受地域限制。分社的经营范围不得超出设立分社的旅行社的经营范围。

第十一条　旅行社设立专门招徕旅游者、提供旅游咨询的服务网点（以下简称旅行社服务网点）应当依法向工商行政管理部门办理设立登记手续，并向所在地的旅游行政管理部门备案。

旅行社服务网点应当接受旅行社的统一管理，不得从事招徕、咨询以外的活动。

第十二条　旅行社变更名称、经营场所、法定代表人等登记事项或者终止经营的，应当到工商行政管理部门办理相应的变更登记或者注销登记，并在登记办理完毕之日起 10 个工作日内，向原许可的旅游行政管理部门备案，换领或者交回旅行社业务经营许可证。

第十三条　旅行社应当自取得旅行社业务经营许可证之日起 3 个工作日内，在国务院旅游行政主管部门指定的银行开设专门的质量保证金账户，存入质量保证金，或者向做出许可的旅游行政管理部门提交依法取得的担保额度不低于相应质量保证金数额的银行担保。

经营国内旅游业务和入境旅游业务的旅行社，应当存入质量保证金 20 万元；经营出境旅游业务的旅行社，应当增存质量保证金 120 万元。

质量保证金的利息属于旅行社所有。

第十四条　旅行社每设立一个经营国内旅游业务和入境旅游业务的分社，应当向其质量保证金账户增存 5 万元；每设立一个经营出境旅游业务的分社，应当向其质量保证金账户增存 30 万元。

第十五条　有下列情形之一的，旅游行政管理部门可以使用旅行社的质量保证金：

（一）旅行社违反旅游合同约定，侵害旅游者合法权益，经旅游行政管理部门查证属实的；

（二）旅行社因解散、破产或者其他原因造成旅游者预交旅游费用损失的。

第十六条　人民法院判决、裁定及其他生效法律文书认定旅行社损害旅游者合法权益，旅行社拒绝或者无力赔偿的，人民法院可以从旅行社的质量保证金账户上划拨赔偿款。

第十七条　旅行社自交纳或者补足质量保证金之日起三年内未因侵害旅游者合法权益受到行政机关罚款以上处罚的，旅游行政管理部门应当将旅行社质量保证金的缴存数额降低50%，并向社会公告。旅行社可凭省、自治区、直辖市旅游行政管理部门出具的凭证减少其质量保证金。

第十八条　旅行社在旅游行政管理部门使用质量保证金赔偿旅游者的损失，或者依法减少质量保证金后，因侵害旅游者合法权益受到行政机关罚款以上处罚的，应当在收到旅游行政管理部门补缴质量保证金的通知之日起5个工作日内补足质量保证金。

第十九条　旅行社不再从事旅游业务的，凭旅游行政管理部门出具的凭证，向银行取回质量保证金。

第二十条　质量保证金存缴、使用的具体管理办法由国务院旅游行政主管部门和国务院财政部门会同有关部门另行制定。

第三章　外商投资旅行社

第二十一条　外商投资旅行社适用本章规定；本章没有规定的，适用本条例其他有关规定。

第二十二条　外商投资企业申请经营旅行社业务，应当向所在地省、自治区、直辖市旅游行政管理部门提出申请，并提交符合本条例第六条规定条件的相关证明文件。省、自治区、直辖市旅游行政管理部门应当自受理申请之日起30个工作日内审查完毕。予以许可的，颁发旅行社业务经营许可证；不予许可的，书面通知申请人并说明理由。

设立外商投资旅行社，还应当遵守有关外商投资的法律、法规。

第二十三条　外商投资旅行社不得经营中国内地居民出国旅游业务以及赴香港特别行政区、澳门特别行政区和台湾地区旅游的业务，但是国务院决定或者我国签署的自由贸易协定和内地与香港、澳门关于建立更紧密经贸关系的安排另有规定的除外。

第四章　旅行社经营

第二十四条　旅行社向旅游者提供的旅游服务信息必须真实可靠，不得作虚假宣传。

第二十五条 经营出境旅游业务的旅行社不得组织旅游者到国务院旅游行政主管部门公布的中国公民出境旅游目的地之外的国家和地区旅游。

第二十六条 旅行社为旅游者安排或者介绍的旅游活动不得含有违反有关法律、法规规定的内容。

第二十七条 旅行社不得以低于旅游成本的报价招徕旅游者。未经旅游者同意，旅行社不得在旅游合同约定之外提供其他有偿服务。

第二十八条 旅行社为旅游者提供服务，应当与旅游者签订旅游合同并载明下列事项：

（一）旅行社的名称及其经营范围、地址、联系电话和旅行社业务经营许可证编号；

（二）旅行社经办人的姓名、联系电话；

（三）签约地点和日期；

（四）旅游行程的出发地、途经地和目的地；

（五）旅游行程中交通、住宿、餐饮服务安排及其标准；

（六）旅行社统一安排的游览项目的具体内容及时间；

（七）旅游者自由活动的时间和次数；

（八）旅游者应当交纳的旅游费用及交纳方式；

（九）旅行社安排的购物次数、停留时间及购物场所的名称；

（十）需要旅游者另行付费的游览项目及价格；

（十一）解除或者变更合同的条件和提前通知的期限；

（十二）违反合同的纠纷解决机制及应当承担的责任；

（十三）旅游服务监督、投诉电话；

（十四）双方协商一致的其他内容。

第二十九条 旅行社在与旅游者签订旅游合同时，应当对旅游合同的具体内容做出真实、准确、完整的说明。

旅行社和旅游者签订的旅游合同约定不明确或者对格式条款的理解发生争议的，应当按照通常理解予以解释；对格式条款有两种以上解释的，应当做出有利于旅游者的解释；格式条款和非格式条款不一致的，应当采用非格式条款。

第三十条 旅行社组织中国内地居民出境旅游的，应当为旅游团队安排领队全程陪同。

第三十一条 旅行社为接待旅游者委派的导游人员，应当持有国家规定的导游证。

取得出境旅游业务经营许可的旅行社为组织旅游者出境旅游委派的领队，应当取得导游证，具有相应的学历、语言能力和旅游从业经历，并与委派其从事领队业务的旅行社订立劳动合同。旅行社应当将本单位领队名单报所在地设区的市级旅游行政管理部门备案。

第三十二条 旅行社聘用导游人员、领队人员应当依法签订劳动合同，并向其支付不低于当地最低工资标准的报酬。

第三十三条 旅行社及其委派的导游人员和领队人员不得有下列行为：

（一）拒绝履行旅游合同约定的义务；

（二）非因不可抗力改变旅游合同安排的行程；

（三）欺骗、胁迫旅游者购物或者参加需要另行付费的游览项目。

第三十四条 旅行社不得要求导游人员和领队人员接待不支付接待和服务费用或者支付的费用低于接待和服务成本的旅游团队，不得要求导游人员和领队人员承担接待旅游团队的相关费用。

第三十五条 旅行社违反旅游合同约定，造成旅游者合法权益受到损害的，应当采取必要的补救措施，并及时报告旅游行政管理部门。

第三十六条 旅行社需要对旅游业务做出委托的，应当委托给具有相应资质的旅行社，征得旅游者的同意，并与接受委托的旅行社就接待旅游者的事宜签订委托合同，确定接待旅游者的各项服务安排及其标准，约定双方的权利、义务。

第三十七条 旅行社将旅游业务委托给其他旅行社的，应当向接受委托的旅行社支付不低于接待和服务成本的费用；接受委托的旅行社不得接待不支付或者不足额支付接待和服务费用的旅游团队。

接受委托的旅行社违约，造成旅游者合法权益受到损害的，做出委托的旅行社应当承担相应的赔偿责任。做出委托的旅行社赔偿后，可以向接受委托的旅行社追偿。

接受委托的旅行社故意或者重大过失造成旅游者合法权益损害的，应当承担连带责任。

第三十八条　旅行社应当投保旅行社责任险。旅行社责任险的具体方案由国务院旅游行政主管部门会同国务院保险监督管理机构另行制定。

第三十九条　旅行社对可能危及旅游者人身、财产安全的事项，应当向旅游者做出真实的说明和明确的警示，并采取防止危害发生的必要措施。

发生危及旅游者人身安全的情形的，旅行社及其委派的导游人员、领队人员应当采取必要的处置措施并及时报告旅游行政管理部门；在境外发生的，还应当及时报告中华人民共和国驻该国使领馆、相关驻外机构、当地警方。

第四十条　旅游者在境外滞留不归的，旅行社委派的领队人员应当及时向旅行社和中华人民共和国驻该国使领馆、相关驻外机构报告。旅行社接到报告后应当及时向旅游行政管理部门和公安机关报告，并协助提供非法滞留者的信息。

旅行社接待入境旅游发生旅游者非法滞留我国境内的，应当及时向旅游行政管理部门、公安机关和外事部门报告，并协助提供非法滞留者的信息。

第五章　监督检查

第四十一条　旅游、工商、价格、商务、外汇等有关部门应当依法加强对旅行社的监督管理，发现违法行为，应当及时予以处理。

第四十二条　旅游、工商、价格等行政管理部门应当及时向社会公告监督检查的情况。公告的内容包括旅行社业务经营许可证的颁发、变更、吊销、注销情况，旅行社的违法经营行为以及旅行社的诚信记录、旅游者投诉信息等。

第四十三条　旅行社损害旅游者合法权益的，旅游者可以向旅游行政管理部门、工商行政管理部门、价格主管部门、商务主管部门或者外汇管理部门投诉，接到投诉的部门应当按照其职责权限及时调查处理，并将调查处理的有关情况告知旅游者。

第四十四条　旅行社及其分社应当接受旅游行政管理部门对其旅游合同、服务质量、旅游安全、财务账簿等情况的监督检查，并按照国家有关规定向旅游行政管理部门报送经营和财务信息等统计资料。

第四十五条　旅游、工商、价格、商务、外汇等有关部门工作人员不得接受旅行社的任何馈赠，不得参加由旅行社支付费用的购物活动或者游览项目，不得通过旅行社为自己、亲友或者其他个人、组织牟取私利。

第六章　法律责任

第四十六条　违反本条例的规定，有下列情形之一的，由旅游行政管理部门或者工商行政管理部门责令改正，没收违法所得，违法所得10万元以上的，并处违法所得1倍以上5倍以下的罚款；违法所得不足10万元或者没有违法所得的，并处10万元以上50万元以下的罚款：

（一）未取得相应的旅行社业务经营许可，经营国内旅游业务、入境旅游业务、出境旅游业务的；

（二）分社超出设立分社的旅行社的经营范围经营旅游业务的；

（三）旅行社服务网点从事招徕、咨询以外的旅行社业务经营活动的。

第四十七条　旅行社转让、出租、出借旅行社业务经营许可证的，由旅游行政管理部门责令停业整顿1个月至3个月，并没收违法所得；情节严重的，吊销旅行社业务经营许可证。受让或者租借旅行社业务经营许可证的，由旅游行政管理部门责令停止非法经营，没收违法所得，并处10万元以上50万元以下的罚款。

第四十八条　违反本条例的规定，旅行社未在规定期限内向其质量保证金账户存入、增存、补足质量保证金或者提交相应的银行担保的，由旅游行政管理部门责令改正；拒不改正的，吊销旅行社业务经营许可证。

第四十九条　违反本条例的规定，旅行社不投保旅行社责任险的，由旅游行政管理部门责令改正；拒不改正的，吊销旅行社业务经营许可证。

第五十条　违反本条例的规定，旅行社有下列情形之一的，由旅游行政管理部门责令改正；拒不改正的，处1万元以下的罚款：

（一）变更名称、经营场所、法定代表人等登记事项或者终止经营，未在规定期限内向原许可的旅游行政管理部门备案，换领或者交回旅行社业务经营许可证的；

（二）设立分社未在规定期限内向分社所在地旅游行政管理部门备案的；

（三）不按照国家有关规定向旅游行政管理部门报送经营和财务信息等统计资料的。

第五十一条　违反本条例的规定，外商投资旅行社经营中国内地居民出国旅游业务以及赴香港特别行政区、澳门特别行政区和台湾地区旅游业务，或者经营出境旅游业务的旅行社组织旅游者到国务院旅游行政主管部门公布的中国公民出境旅游目的地之外的国家和地区旅游的，由旅游行政管理部门责令改正，没收违法所得，违法所得10万元以上的，并处违法所得1倍以上5倍以下的罚款；违法所得不足10万元或者没有违法所得的，并处10万元以上50万元以下的罚款；情节严重的，吊销旅行社业务经营许可证。

第五十二条　违反本条例的规定，旅行社为旅游者安排或者介绍的旅游活动含有违反有关法律、法规规定的内容的，由旅游行政管理部门责令改正，没收违法所得，并处2万元以上10万元以下的罚款；情节严重的，吊销旅行社业务经营许可证。

第五十三条　违反本条例的规定，旅行社向旅游者提供的旅游服务信息含有虚假内容或者作虚假宣传的，由工商行政管理部门依法给予处罚。

违反本条例的规定，旅行社以低于旅游成本的报价招徕旅游者的，由价格主管部门依法给予处罚。

第五十四条　违反本条例的规定，旅行社未经旅游者同意在旅游合同约定之外提供其他有偿服务的，由旅游行政管理部门责令改正，处1万元以上5万元以下的罚款。

第五十五条 违反本条例的规定，旅行社有下列情形之一的，由旅游行政管理部门责令改正，处 2 万元以上 10 万元以下的罚款；情节严重的，责令停业整顿 1 个月至 3 个月：

（一）未与旅游者签订旅游合同；

（二）与旅游者签订的旅游合同未载明本条例第二十八条规定的事项；

（三）未取得旅游者同意，将旅游业务委托给其他旅行社；

（四）将旅游业务委托给不具有相应资质的旅行社；

（五）未与接受委托的旅行社就接待旅游者的事宜签订委托合同。

第五十六条 违反本条例的规定，旅行社组织中国内地居民出境旅游，不为旅游团队安排领队全程陪同的，由旅游行政管理部门责令改正，处 1 万元以上 5 万元以下的罚款；拒不改正的，责令停业整顿 1 个月至 3 个月。

第五十七条 违反本条例的规定，旅行社委派的导游人员未持有国家规定的导游证或者委派的领队人员不具备规定的领队条件的，由旅游行政管理部门责令改正，对旅行社处 2 万元以上 10 万元以下的罚款。

第五十八条 违反本条例的规定，旅行社不向其聘用的导游人员、领队人员支付报酬，或者所支付的报酬低于当地最低工资标准的，按照《中华人民共和国劳动合同法》的有关规定处理。

第五十九条 违反本条例的规定，有下列情形之一的，对旅行社，由旅游行政管理部门或者工商行政管理部门责令改正，处 10 万元以上 50 万元以下的罚款；对导游人员、领队人员，由旅游行政管理部门责令改正，处 1 万元以上 5 万元以下的罚款；情节严重的，吊销旅行社业务经营许可证、导游证：

（一）拒不履行旅游合同约定的义务的；

（二）非因不可抗力改变旅游合同安排的行程的；

（三）欺骗、胁迫旅游者购物或者参加需要另行付费的游览项目的。

第六十条 违反本条例的规定，旅行社要求导游人员和领队人员接待不支付接待和服务费用、支付的费用低于接待和服务成本的旅游团队，或者要求导游人员和领队人员承担接待旅游团队的相关费用的，由旅游行政管理部门责令改正，处2万元以上10万元以下的罚款。

第六十一条　旅行社违反旅游合同约定，造成旅游者合法权益受到损害，不采取必要的补救措施的，由旅游行政管理部门或者工商行政管理部门责令改正，处1万元以上5万元以下的罚款；情节严重的，由旅游行政管理部门吊销旅行社业务经营许可证。

第六十二条　违反本条例的规定，有下列情形之一的，由旅游行政管理部门责令改正，停业整顿1个月至3个月；情节严重的，吊销旅行社业务经营许可证：

（一）旅行社不向接受委托的旅行社支付接待和服务费用的；

（二）旅行社向接受委托的旅行社支付的费用低于接待和服务成本的；

（三）接受委托的旅行社接待不支付或者不足额支付接待和服务费用的旅游团队的。

第六十三条　违反本条例的规定，旅行社及其委派的导游人员、领队人员有下列情形之一的，由旅游行政管理部门责令改正，对旅行社处2万元以上10万元以下的罚款；对导游人员、领队人员处4000元以上2万元以下的罚款；情节严重的，责令旅行社停业整顿1个月至3个月，或者吊销旅行社业务经营许可证、导游证：

（一）发生危及旅游者人身安全的情形，未采取必要的处置措施并及时报告的；

（二）旅行社组织出境旅游的旅游者非法滞留境外，旅行社未及时报告并协助提供非法滞留者信息的；

（三）旅行社接待入境旅游的旅游者非法滞留境内，旅行社未及时报告并协助提供非法滞留者信息的。

第六十四条　因妨害国（边）境管理受到刑事处罚的，在刑罚执行完毕之日起五年内不得从事旅行社业务经营活动；旅行社被吊销旅行社业务经营许可的，其主要负责人在旅行社业务经营许可被吊销之日起五年内不得担任任何旅行社的主要负责人。

第六十五条 旅行社违反本条例的规定，损害旅游者合法权益的，应当承担相应的民事责任；构成犯罪的，依法追究刑事责任。

第六十六条 违反本条例的规定，旅游行政管理部门或者其他有关部门及其工作人员有下列情形之一的，对直接负责的主管人员和其他直接责任人员依法给予处分：

（一）发现违法行为不及时予以处理的；

（二）未及时公告对旅行社的监督检查情况的；

（三）未及时处理旅游者投诉并将调查处理的有关情况告知旅游者的；

（四）接受旅行社的馈赠的；

（五）参加由旅行社支付费用的购物活动或者游览项目的；

（六）通过旅行社为自己、亲友或者其他个人、组织牟取私利的。

第七章 附则

第六十七条 香港特别行政区、澳门特别行政区和台湾地区的投资者在内地投资设立的旅行社，参照适用本条例。

第六十八条 本条例自2009年5月1日起施行。1996年10月15日国务院发布的《旅行社管理条例》同时废止。

附录 C 导游管理办法

2017年10月16日国家旅游局第17次局长办公会议审议通过，自2018年1月1日起施行。

第一章 总 则

第一条 为规范导游执业行为，提升导游服务质量，保障导游合法权益，促进导游行业健康发展，依据《中华人民共和国旅游法》《导游人员管理条例》和《旅行社条例》等法律法规，制定本办法。

第二条 导游执业的许可、管理、保障与激励，适用本办法。

第三条 国家对导游执业实行许可制度。从事导游执业活动的人员，应当取得导游人员资格证和导游证。

国家旅游局建立导游等级考核制度、导游服务星级评价制度和全国旅游监管服务信息系统，各级旅游主管部门运用标准化、信息化手段对导游实施动态监管和服务。

第四条 旅游行业组织应当依法维护导游合法权益，促进导游职业发展，加强导游行业自律。

旅行社等用人单位应当加强对导游的管理和培训，保障导游合法权益，提升导游服务质量。

导游应当恪守职业道德，提升服务水平，自觉维护导游行业形象。

第五条 支持和鼓励各类社会机构积极弘扬导游行业先进典型，优化导游执业环境，促进导游行业健康稳定发展。

第二章 导游执业许可

第六条 经导游人员资格考试合格的人员，方可取得导游人员资格证。

国家旅游局负责制定全国导游资格考试政策、标准，组织导游资格统一考试，以及对地方各级旅游主管部门导游资格考试实施工作进行监督管理。

省、自治区、直辖市旅游主管部门负责组织、实施本行政区域内导游资格考试具体工作。

全国导游资格考试管理的具体办法，由国家旅游局另行制定。

第七条 取得导游人员资格证，并与旅行社订立劳动合同或者在旅游行业组织注册的人员，可以通过全国旅游监管服务信息系统向所在地旅游主管部门申请取得导游证。

导游证采用电子证件形式，由国家旅游局制定格式标准，由各级旅游主管部门通过全国旅游监管服务信息系统实施管理。电子导游证以电子数据形式保存于导游个人移动电话等移动终端设备中。

第八条 在旅游行业组织注册并申请取得导游证的人员，应当向所在地旅游行业组织提交下列材料：

（一）身份证；

（二）导游人员资格证；

（三）本人近期照片；

（四）注册申请。

旅游行业组织在接受申请人取得导游证的注册时，不得收取注册费；旅游行业组织收取会员会费的，应当符合《社会团体登记条例》等法律法规的规定，不得以导游证注册费的名义收取会费。

第九条 导游通过与旅行社订立劳动合同取得导游证的，劳动合同的期限应当在1个月以上。

第十条 申请取得导游证，申请人应当通过全国旅游监管服务信息系统填写申请信息，并提交下列申请材料：

（一）身份证的扫描件或者数码照片等电子版；

（二）未患有传染性疾病的承诺；

（三）无过失犯罪以外的犯罪记录的承诺；

（四）与经常执业地区的旅行社订立劳动合同或者在经常执业地区的旅游行业组织注册的确认信息。

前款第（四）项规定的信息，旅行社或者旅游行业组织应当自申请人提交申请之日起 5 个工作日内确认。

第十一条 所在地旅游主管部门对申请人提出的取得导游证的申请，应当依法出具受理或者不予受理的书面凭证。需补正相关材料的，应当自收到申请材料之日起 5 个工作日内一次性告知申请人需要补正的全部内容；逾期不告知的，收到材料之日起即为受理。

所在地旅游主管部门应当自受理申请之日起 10 个工作日内，做出准予核发或者不予核发导游证的决定。不予核发的，应当书面告知申请人理由。

第十二条 具有下列情形的，不予核发导游证：

（一）无民事行为能力或者限制民事行为能力的；

（二）患有甲类、乙类以及其他可能危害旅游者人身健康安全的传染性疾病的；

（三）受过刑事处罚的，过失犯罪的除外；

（四）被吊销导游证之日起未逾 3 年的。

第十三条 导游证的有效期为 3 年。导游需要在导游证有效期届满后继续执业的，应当在有效期限届满前 3 个月内，通过全国旅游监管服务信息系统向所在地旅游主管部门提出申请，并提交本办法第十条第（二）项至第（四）项规定的材料。

旅行社或者旅游行业组织应当自导游提交申请之日起 3 个工作日内确认信息。所在地旅游主管部门应当自旅行社或者旅游行业组织核实信息之日起 5 个工作日内予以审核，并对符合条件的导游变更导游证信息。

第十四条　导游与旅行社订立的劳动合同解除、终止或者在旅游行业组织取消注册的，导游及旅行社或者旅游行业组织应当自解除、终止合同或者取消注册之日起 5 个工作日内，通过全国旅游监管服务信息系统将信息变更情况报告旅游主管部门。

第十五条　导游应当自下列情形发生之日起 10 个工作日内，通过全国旅游监管服务信息系统提交相应材料，申请变更导游证信息：

（一）姓名、身份证号、导游等级和语种等信息发生变化的；

（二）与旅行社订立的劳动合同解除、终止或者在旅游行业组织取消注册后，在 3 个月内与其他旅行社订立劳动合同或者在其他旅游行业组织注册的；

（三）经常执业地区发生变化的；

（四）其他导游身份信息发生变化的。

旅行社或者旅游行业组织应当自收到申请之日起 3 个工作日内对信息变更情况进行核实。所在地旅游主管部门应当自旅行社或者旅游行业组织核实信息之日起 5 个工作日内予以审核确认。

第十六条　有下列情形之一的，所在地旅游主管部门应当撤销导游证：

（一）对不具备申请资格或者不符合法定条件的申请人核发导游证的；

（二）申请人以欺骗、贿赂等不正当手段取得导游证的；

（三）依法可以撤销导游证的其他情形。

第十七条　有下列情形之一的，所在地旅游主管部门应当注销导游证：

（一）导游死亡的；

（二）导游证有效期届满未申请换发导游证的；

（三）导游证依法被撤销、吊销的；

（四）导游与旅行社订立的劳动合同解除、终止或者在旅游行业组织取消注册后，超过 3 个月未与其他旅行社订立劳动合同或者未在其他旅游行业组织注册的；

（五）取得导游证后出现本办法第十二条第（一）项至第（三）项情形的；

（六）依法应当注销导游证的其他情形。

导游证被注销后，导游符合法定执业条件需要继续执业的，应当依法重新申请取得导游证。

第十八条 导游的经常执业地区应当与其订立劳动合同的旅行社（含旅行社分社）或者注册的旅游行业组织所在地的省级行政区域一致。

导游证申请人的经常执业地区在旅行社分社所在地的，可以由旅行社分社所在地旅游主管部门负责导游证办理相关工作。

第三章 导游执业管理

第十九条 导游为旅游者提供服务应当接受旅行社委派，但另有规定的除外。

第二十条 导游在执业过程中应当携带电子导游证、佩戴导游身份标识，并开启导游执业相关应用软件。

旅游者有权要求导游展示电子导游证和导游身份标识。

第二十一条 导游身份标识中的导游信息发生变化，导游应当自导游信息发生变化之日起10个工作日内，向所在地旅游主管部门申请更换导游身份标识。旅游主管部门应当自收到申请之日起5个工作日内予以确认更换。

导游身份标识丢失或者因磨损影响使用的，导游可以向所在地旅游主管部门申请重新领取，旅游主管部门应当自收到申请之日起10个工作日内予以发放或者更换。

第二十二条 导游在执业过程中应当履行下列职责：

（一）自觉维护国家利益和民族尊严；

（二）遵守职业道德，维护职业形象，文明诚信服务；

（三）按照旅游合同提供导游服务，讲解自然和人文资源知识、风俗习惯、宗教禁忌、法律法规和有关注意事项；

（四）尊重旅游者的人格尊严、宗教信仰、民族风俗和生活习惯；

（五）向旅游者告知和解释文明行为规范、不文明行为可能产生的后果，引导旅游者健康、文明旅游，劝阻旅游者违反法律法规、社会公德、文明礼仪规范的行为；

（六）对可能危及旅游者人身、财产安全的事项，向旅游者做出真实的说明和明确的警示，并采取防止危害发生的必要措施。

第二十三条 导游在执业过程中不得有下列行为：

（一）安排旅游者参观或者参与涉及色情、赌博、毒品等违反我国法律法规和社会公德的项目或者活动；

（二）擅自变更旅游行程或者拒绝履行旅游合同；

（三）擅自安排购物活动或者另行付费旅游项目；

（四）以隐瞒事实、提供虚假情况等方式，诱骗旅游者违背自己的真实意愿，参加购物活动或者另行付费旅游项目；

（五）以殴打、弃置、限制活动自由、恐吓、侮辱、咒骂等方式，强迫或者变相强迫旅游者参加购物活动、另行付费等消费项目；

（六）获取购物场所、另行付费旅游项目等相关经营者以回扣、佣金、人头费或者奖励费等名义给予的不正当利益；

（七）推荐或者安排不合格的经营场所；

（八）向旅游者兜售物品；

（九）向旅游者索取小费；

（十）未经旅行社同意委托他人代为提供导游服务；

（十一）法律法规规定的其他行为。

第二十四条 旅游突发事件发生后，导游应当立即采取下列必要的处置措施：

（一）向本单位负责人报告，情况紧急或者发生重大、特别重大旅游突发事件时，可以直接向发生地、旅行社所在地县级以上旅游主管部门、安全生产监督管理部门和负有安全生产监督管理职责的其他相关部门报告；

（二）救助或者协助救助受困旅游者；

（三）根据旅行社、旅游主管部门及有关机构的要求，采取调整或者中止行程、停止带团前往风险区域、撤离风险区域等避险措施。

第二十五条 具备领队条件的导游从事领队业务的，应当符合《旅行社条例实施细则》等法律、法规和规章的规定。

旅行社应当按要求将本单位具备领队条件的领队信息及变更情况，通过全国旅游监管服务信息系统报旅游主管部门备案。

第四章　导游执业保障与激励

第二十六条　导游在执业过程中，其人格尊严受到尊重，人身安全不受侵犯，合法权益受到保障。导游有权拒绝旅行社和旅游者的下列要求：

（一）侮辱其人格尊严的要求；

（二）违反其职业道德的要求；

（三）不符合我国民族风俗习惯的要求；

（四）可能危害其人身安全的要求；

（五）其他违反法律、法规和规章规定的要求。

旅行社等用人单位应当维护导游执业安全、提供必要的职业安全卫生条件，并为女性导游提供执业便利、实行特殊劳动保护。

第二十七条　旅行社有下列行为的，导游有权向劳动行政部门投诉举报、申请仲裁或者向人民法院提起诉讼：

（一）不依法与聘用的导游订立劳动合同的；

（二）不依法向聘用的导游支付劳动报酬、导游服务费用或者缴纳社会保险费用的；

（三）要求导游缴纳自身社会保险费用的；

（四）支付导游的报酬低于当地最低工资标准的。

旅行社要求导游接待以不合理低价组织的旅游团队或者承担接待旅游团队的相关费用的，导游有权向旅游主管部门投诉举报。

鼓励景区对持有导游证从事执业活动或者与执业相关活动的导游免除门票。

第二十八条　旅行社应当与通过其取得导游证的导游订立不少于1个月期限的劳动合同，并支付基本工资、带团补贴等劳动报酬，缴纳社会保险费用。

旅行社临时聘用在旅游行业组织注册的导游为旅游者提供服务的，应当依照旅游和劳动相关法律、法规的规定足额支付导游服务费用；旅行社临时聘用的导游与其他单位不具有劳动关系或者人事关系的，旅行社应当与其订立劳动合同。

第二十九条 旅行社应当提供设置"导游专座"的旅游客运车辆，安排的旅游者与导游总人数不得超过旅游客运车辆核定乘员数。

导游应当在旅游车辆"导游专座"就坐，避免在高速公路或者危险路段站立讲解。

第三十条 导游服务星级评价是对导游服务水平的综合评价，星级评价指标由技能水平、学习培训经历、从业年限、奖惩情况、执业经历和社会评价等构成。导游服务星级根据星级评价指标通过全国旅游监管服务信息系统自动生成，并根据导游执业情况每年度更新一次。

旅游主管部门、旅游行业组织和旅行社等单位应当通过全国旅游监管服务信息系统，及时、真实地备注各自获取的导游奖惩情况等信息。

第三十一条 各级旅游主管部门应当积极组织开展导游培训，培训内容应当包括政策法规、安全生产、突发事件应对和文明服务等，培训方式可以包括培训班、专题讲座和网络在线培训等，每年累计培训时间不得少于 24 小时。培训不得向参加人员收取费用。

旅游行业组织和旅行社等应当对导游进行包括安全生产、岗位技能、文明服务和文明引导等内容的岗前培训和执业培训。

导游应当参加旅游主管部门、旅游行业组织和旅行社开展的有关政策法规、安全生产、突发事件应对和文明服务内容的培训；鼓励导游积极参加其他培训，提高服务水平。

第五章 罚 则

第三十二条 导游违反本办法有关规定的，依照下列规定处理：

（一）违反本办法第十九条规定的，依据《旅游法》第一百〇二条第二款的规定处罚；

（二）违反本办法第二十条第一款规定的，依据《导游人员管理条例》第二十一条的规定处罚；

（三）违反本办法第二十二条第（一）项规定的，依据《导游人员管理条例》第二十条的规定处罚；

（四）违反本办法第二十三条第（一）项规定的，依据《旅游法》第一百〇一条的规定处罚；

（五）违反本办法第二十三条第（二）项规定的，依据《旅游法》第一百条的规定处罚；

（六）违反本办法第二十三条第（三）项至第（六）项规定的，依据《旅游法》第九十八条的规定处罚；

（七）违反本办法第二十三条第（七）项规定的，依据《旅游法》第九十七条第（二）项的规定处罚；

（八）违反本办法第二十三条第（八）项规定的，依据《导游人员管理条例》第二十三条的规定处罚；

（九）违反本办法第二十三条第（九）项规定的，依据《旅游法》第一百〇二条第三款的规定处罚。

违反本办法第三条第一款规定，未取得导游证从事导游活动的，依据《旅游法》第一百〇二条第一款的规定处罚。

第三十三条 违反本办法规定，导游有下列行为的，由县级以上旅游主管部门责令改正，并可以处1000元以下罚款；情节严重的，可以处1000元以上5000元以下罚款：

（一）未按期报告信息变更情况的；

（二）未申请变更导游证信息的；

（三）未更换导游身份标识的；

（四）不依照本办法第二十四条规定采取相应措施的；

（五）未按规定参加旅游主管部门组织的培训的；

（六）向负责监督检查的旅游主管部门隐瞒有关情况、提供虚假材料或者拒绝提供反映其活动情况的真实材料的；

（七）在导游服务星级评价中提供虚假材料的。

旅行社或者旅游行业组织有前款第（一）项和第（七）项规定行为的，依照前款规定处罚。

第三十四条　导游执业许可申请人隐瞒有关情况或者提供虚假材料申请取得导游人员资格证、导游证的，县级以上旅游主管部门不予受理或者不予许可，并给予警告；申请人在 1 年内不得再次申请该导游执业许可。

导游以欺骗、贿赂等不正当手段取得导游人员资格证、导游证的，除依法撤销相关证件外，可以由所在地旅游主管部门处 1000 元以上 5000 元以下罚款；申请人在 3 年内不得再次申请导游执业许可。

第三十五条　导游涂改、倒卖、出租、出借导游人员资格证、导游证，以其他形式非法转让导游执业许可，或者擅自委托他人代为提供导游服务的，由县级以上旅游主管部门责令改正，并可以处 2000 元以上 1 万元以下罚款。

第三十六条　违反本办法第二十五条第二款规定，旅行社不按要求报备领队信息及变更情况，或者备案的领队不具备领队条件的，由县级以上旅游主管部门责令改正，并可以删除全国旅游监管服务信息系统中不具备领队条件的领队信息；拒不改正的，可以处 5000 元以下罚款。

旅游行业组织、旅行社为导游证申请人申请取得导游证隐瞒有关情况或者提供虚假材料的，由县级以上旅游主管部门责令改正，并可以处 5000 元以下罚款。

第三十七条　对导游违反本办法规定的行为，县级以上旅游主管部门应当依照旅游经营服务不良信息管理有关规定，纳入旅游经营服务不良信息管理；构成犯罪的，依法移送公安机关追究其刑事责任。

第三十八条　旅游主管部门及其工作人员在履行导游执业许可、管理职责中，滥用职权、玩忽职守、徇私舞弊的，由有关部门责令改正，对直接负责的主管人员和其他直接责任人员依法给予处分。

<h2 style="text-align:center">第六章　附　则</h2>

第三十九条　本办法下列用语的含义：

（一）所在地旅游主管部门，是指旅行社（含旅行社分社）、旅游行业组织所在地的省、自治区、直辖市旅游主管部门或者其委托的设区的市级旅游主管部门、县级旅游主管部门；

（二）旅游行业组织，是指依照《社会团体登记管理条例》成立的导游协会，以及在旅游协会、旅行社协会等旅游行业社会团体内设立的导游分会或者导游工作部门，具体由所在地旅游主管部门确定；

（三）经常执业地区，是指导游连续执业或者3个月内累计执业达到30日的省级行政区域；

（四）导游身份标识，是指标识有导游姓名、证件号码等导游基本信息，以便于旅游者和执法人员识别身份的工作标牌，具体标准由国家旅游局制定。

第四十条 本办法自2018年1月1日起施行。

参考文献

［1］童碧莎. 旅游政策与法规［M］. 北京：北京交通大学出版社，2019.

［2］李海峰. 旅游政策与法规［M］. 北京：北京师范大学出版社，2017.

［3］郑向敏. 旅游安全概论［M］. 北京：中国旅游出版社，2009.

［4］杨志勇. 旅游法规［M］. 北京：北京大学出版社，2017.

［5］李喜燕，王立升. 旅游法规［M］. 武汉：华中科技大学出版社，2020.

［6］李飞，邵琪伟. 中华人民共和国旅游法释义［M］. 北京：法律出版社，2013.

［7］杨富斌. 国外旅游立法对我国旅游立法的启示［J］. 观察与思考，2007，321(08):57.

［8］黄丽红. 旅游消费者权益保护的法律问题研究［J］. 社会科学家，2019，268(08):113-118.

［9］张杨. 强迫游客购物问题的成因与治理策略探析［J］. 湖南财政经济学院学报，2015,31(05):014.

［10］周晓晨. 论旅游服务提供者在包价旅游合同中的法律地位及责任［J］. 旅游学刊，2013,28(07):48-56.

［11］胡斌，蔡雯娴. 日本包价旅游合同的组团社责任：制度与判例［J］. 西部学刊，2020,114(09):76-80.

［12］申海恩. 旅行社转团中的责任承担：德国法视角的考察［J］. 苏州大学学报（哲学社会科学版），2017,38(01):83-95.

［13］周江洪. 旅游合同性质决定之局限性探讨：以日本的学说及裁判实践为例［J］. 旅游学刊，2009,24(11):71-78.

［14］张杨. 《旅游法》中旅游合同解除的若干问题探讨[J]. 南宁职业技术学院学报，2014,19(02):82-85.

［15］朱鹏. 我国现行出入境管理体制存在问题与对策研究[D]. 南京：东南大学，2018.

［16］张杨. 旅行社的安全保障义务及责任：基于旅行社角色的审视[J]. 特区经济，2023,408(01):105-110.

［17］张杨. 健全出境旅游安全风险防控机制：方向与要点[J]. 时代经贸，2022,19(08):144-148.

［18］张广海，赵韦舒. 我国旅游资源法律体系：结构、问题与对策[J]. 资源开发与市场，2016,32(12):1527-1531.